이야기치료
단기상담사례집

이야기치료 단기상담사례집

2023년 5월 15일 1판 1쇄 인쇄
2023년 5월 25일 1판 1쇄 발행

지은이 | 김희숙
펴낸이 | 김진환
펴낸곳 | 학지사메디컬 HAKJISA MEDICAL
04031 서울특별시 마포구 양화로 15길 20 마인드월드빌딩
대표전화_ 02-330-5188 팩스_ 02-326-0338
등 록 | 2010년 2월 8일 제313-2010-36호
메 일 | hakjisamd@hakjisamd.co.kr
홈페이지 | http://www.hakjisamd.co.kr

ISBN 979-11-92867-48-9 93510

가 격 | 15,000원

이야기치료
단기상담사례집

김희숙 저

BRIEF COUNSELING
CASEBOOK OF
NARRATIVE THERAPY

학지사메디컬
HAKJISA MEDICAL

저자소개

김희숙

前) 경북대학교병원 정신과병동 간호사
경북대학교 간호학과 정신간호학실습지도 조교
경남도립거창대학 정신간호학 교수
대구시 재난피해자심리지원센터 센터장
경북대학교 간호대학 학장
경산시/영천시정신건강복지센터 센터장

現) 경북대학교병원 정신건강간호사수련과정 책임교수
구미정신건강복지센터 센터장
경북대학교 정신간호학 교수

자격: 정신전문간호사
정신건강전문요원 1급
중독정신간호사 1급
이야기치료사
영상영화상담가
MBTI 강사 등

저자서문

"인간은 사회적 동물이다."라고 한 철학자 Aristoteles의 말처럼, 인간은 절대로 혼자서 살 수 없다. 타인과 함께 살지만 서로 생각과 가치관이 달라 많은 혼란과 갈등을 경험하게 되고, 이로 인한 상심으로 마음과 몸이 아프기도 한다. 실제로 가장 가까운 부모와 형제 사이에도 마음을 다치고, 친구 사이, 학교나 직장, 심지어는 지나가는 사람과의 관계에서도 끊임없이 마음을 다쳐 힘들어 한다. 이에 더하여 COVID-19가 장기화되면서 사회적 · 문화적 · 경제적으로 부조리한 문제들이 발생하였다. 한국은 인터넷 강국이라는 명칭에 걸맞게 이러한 문제들로부터 발생한 갈등 상황들이 다양한 인터넷 매체를 통해 빠르게 확산되어 많은 사람들이 함께 분노하거나 좌절함으로써 우울, 자살 등의 정신건강문제가 증가하고 있다.

저명한 정신과의사 Scott Peck은 『아직도 가야할 길(The Road less Traveled)』이라는 책의 1장에서 "인생은 고해(Life is difficult)라는 것을 인정하면 인생의 절반은 성공이다."라고 하였다. 이를 기반으로 이 책을 읽다 보면, "이렇게 세상을 살면서 힘들 때 상담실 문을 두드리면 인생의 나머지 절반도 성공이다."라는 내용이 나온다. 이렇게 내담자가 아프고 상한 마음으로 상담실에 왔을 때 어떤 상담이론을 적용한 상담이든 도움은 되어 왔다. 하지만 상담에서 대상자의 문제를 파악하고 내담자가 자신의 증상이나 문제에 대한 통찰력을 가지도록 하기 위한 과정에 많은 시간을 할애하기보다 내담자가 이미 가지고 있는 강점을 발견해냄으로써 내담자의 자존감을 빠른 시간 내 향상시키는 것에 초점을 둘 필요가 있다. 그 이유는 내담자들이 자신들의 고통스러운 문제나 증상들을 개선하거나 해결하기 위해서는 먼저 각 개인이 무너지지 않고 견디는 힘, 즉 자존감이 낮아지지 않고 높아지도록 돕는 것이 제일 우선이기 때문이다.

Michael White와 David Epston이 주창한 이야기치료에서 말하는 상담자는 내담자가 변해야 함을 설득하기보다 힘든 상황을 인정하면서도 그 틈 속에서 내담자가 이미 가진 강

저자서문

점이나 노하우, 문제에 적용했던 대처방법 등을 찾아내는 발견자여야 한다. 이때 상담자는 깊은 관심과 호기심 어린 눈으로 내담자가 속한 사회문화적 담론 뒤에 숨어 있는 의미들과 내재하고 있는 힘의 역학관계 속에서 내담자의 문제와 힘듦이 존재한다는 것을 알고, 현 시스템 속에서도 익숙한 것을 낯설게 보는 다른 시각을 가지고 내담자의 이야기를 듣는다. 다시 말해, 이야기치료에서의 상담자는 기존 치료에서처럼 능숙한 전문가로서 내담자를 변화시키기 위해 설득하거나 통제하는 것이 아니라 내담자가 자신에 대한 전문가임을 인정해 준다. 또한 개방적 질문과 반영 등 다양한 치료적 의사소통기법을 활용함과 동시에 해체적 경청 자세로 내담자를 대함으로써 내담자가 이미 가지고 있었지만 잊고 있었던 자신의 긍정적 정체성 영역을 잘 탐색하도록 길을 안내한다. 따라서 내담자는 자아성찰, 자기 확신, 자기 확장을 스스로 도모하게 됨으로써, 어떤 것에도 의존하거나 원망하지 않고 상담자가 바라는 긍정적이고 희망적인 방향으로 자신의 삶을 살아가게 된다.

이 책은 본 저자가 대학에서 정신간호학 교수로서 석사과정인 정신전문간호사과정생들과 정신전문요원 수련과정생들을 대상으로 단기간에 근거 있게 내담자의 긍정적 정체성을 발견하도록 돕는 이야기치료의 관점과 기법을 가르치고 훈련시키면서, 지역사회 정신건강복지센터장으로서 현장에서 이야기치료를 실천하면서, 함께 한 대상자들의 이야기를 바탕으로 각색한 내용을 담고 있다. 보기에 따라서는 White와 Epston이 주창한 이야기치료 이론을 그대로 담지 못했다고 할 수 있으나, 이야기치료를 설명하고 현장에서 실천적으로 적용한 이야기치료를 활용한 다양한 책 가운데 하나로 봐 주기를 바란다.

추가적으로 이 책 내용의 생생하게 전달함으로써 실제적 활용도를 높이기 위해 함께 제작된 동영상을 활용할 수 있다. PART I 이야기치료 이론에 대한 설명 동영상과 PART II 사례 1~4의 각 대상자별 시나리오에 따른 상담 동영상은 책에 삽입된 QR 코드를 통해 학지사메디컬 홈페이지에서 시청할 수 있다.

이 책이 여러 정신건강관련 분야의 학생들, 수련생들과 초보 상담가들에게 다양한 갈등 때문에 너무 고통스러워 심하게 흐트러지고 아픈 어떤 내담자를 만나더라도 그 내담자가 인식하지 못했을 뿐 이미 가지고 있었던 자신의 긍정적 정체성을 힘들이지 않고 찾도록 돕는 이야기치료를 활용한 단기상담방법을 연습시키는 책으로 활용되기를 희망한다.

마지막으로 본 저자가 White와 Epston의 이야기치료의 방대함과 위대함에 완전하게 도달하지 못한 상태이지만, 이야기치료 상담에 적극적으로 응해 주어 저자의 실천적 경험에 바탕이 되어 준 많은 내담자와 훈련생에게 감사드린다. 그리고 이렇게 책으로서 결실을 맺도록 도와주신 학지사메디컬 김진환 사장님 이하 임직원 여러분에게도 감사의 마음을 전한다.

2023년 5월

김희숙

[이야기치료 소개]

차례

PART I 이야기치료 이론

PART II 이야기치료 상담사례

사례❸ 양극성장애 _ 81

사례❹ 급성스트레스장애 _ 117

PART I

이야기치료 이론

1 이야기치료 배경 및 관점

1980년대 중반 포스트모더니즘의 확산에 기초한 사회구성론 및 후기 구조주의의 발전과 페미니즘의 확산으로 Michael White와 David Epston에 의해 시작되었다. 시대적 흐름과 더불어 등장한 이야기치료는 단순한 치료적 기법이나 기술을 소유하는 방식이 아닌 그 이상의 치료적 접근이라 할 수 있다. 그 이유는 이야기치료의 원리 속에 구체적인 이론과 철학, 시대의 흐름과 일치하는 치료적인 원리가 분명하게 자리 잡고 있기 때문이다.

이야기치료에서는 내러티브(narratives), 이야기(stories), 설명(accounts)이라는 세 가지 용어가 동일한 의미로 사용된다. 통상적 개념으로서 내러티브는 서사(敍事)로 번역되며, 특정한 순서로 배열된 인생 사건이라는 의미를 지닌다. 포스트모더니즘에서 내러티브는 자기 자신의 시간, 공간, 자기 세계에서 일어나는 사건들 그리고 시간 감각과 어떻게 관련되어 있는지를 설명하는 이야기로(Payne, 2006 재인용), 어떤 사람의 살아온 삶을 압축적으로 보여 주는 텍스트를 의미하는 데에만 그치지 않는다. 각 개인들의 내러티브는 경험과 의미를 담고 있는 다양한 그릇과 같다(이선혜, 2020).

포스트모더니즘과 사회구성론의 관점은 이야기치료의 사상적 배경이 되는데, 즉 포스트모더니즘과 사회구성론 배경이 이야기치료의 몇 가지 치료적 관점에 깔려 있다고 볼 수 있다. 첫째, 이야기치료에서는 각 개인들이 말하는 현실이 사회적으로 구성된다는 관점을 가지고 있다. 즉, 현실은 그들이 하는 이야기로 인식되고 그들의 행동을 결정한다. 따라서 사람들의 이야기들은 각자 자신의 관점인 사회적으로 구성된 가치관에 의해 인식된 현실이므로, 같은 현실 속에서도 다를 수 있다.

둘째, 이야기치료는 언어적 활동으로, 그 사람의 관점이 만들어낸 언어가 이야기가 되고 현실이 된다. 따라서 내담자의 빈약한 이야기를 풍부한 이야기로 바꾸기 위해 기존과 다른 새로운 언어를 사용해야 하며, 새로운 언어로 이야기를 시작하게 되면 잊고 있던 자신의 긍정적 자기를 구성하게 된다. 따라서 상담자를 통해 한번도 받아 보지 못했던 새로운 질문을 통해 내담자는 자신의 언어로 잊고 있었던 이야기를 찾아내고 나아가 새로운 이야기를 창조한다는 맥락에서 접근한다.

셋째, 이야기치료는 개인의 삶 속에서의 경험과 행위에 관한 이야기를 기반으로 하며 (Nylund & Hoty, 1997; White, 1987), 이야기치료사들은 내담자의 행동결과에 관심을 두지 않는다.

넷째, 이야기치료에서는 모든 사람이 자기 삶의 이야기에 있어서는 오히려 더 전문가라는 입장을 배경으로 하고 있다. 따라서 이야기치료는 상담에 전문가인 상담자와 자신의 삶에 대한 전문가인 내담자 간의 협동적 작업이라고 보며, 이때 상담자는 내담자를 '잘 알지 못한다.'는 태도로 '알고자 하는 호기심 어린 자세'를 가져야 한다.

이야기치료에서 상담자의 역할과 자세는 내담자와 협력적인 관계를 통하여 내담자의 문제 중심의 지배적인 이야기를 들으면서도 지배적 이야기의 이면에 있는 긍정적인 이야기들을 찾아내어 대안적 이야기로 구성하고 대안적 정체성을 찾도록 도와주는 것이다. 하지만 아직 새로운 이야기를 구성할 준비가 되지 않은 내담자의 경우, 내담자가 변해야 함을 설득하기보다 힘든 상황을 인정하면서도 그 틈 속에서 내담자의 강점이나 노하우, 문제에 적용했던 대처방법, '그럼에도 불구하고' 등을 찾아내는 발견자여야 한다. 상담자는 깊은 관심 속에서 호기심 어린 눈으로 '이야기가 어디로 흐를지 궁금해하는 자세'로 사회문화적 담론 뒤에 숨어 있는 의미들과 내재하고 있는 힘의 역학 관계를 인식하고, 현 시스템 속에서 익숙한 것을 낯설게 보는 다른 시각으로 내담자의 이야기를 확인한다. 상담자는 기존의 치료에서처럼 능숙한 전문가로서 내담자를 변화시키기 위해 설득하거나 통제하는 것이 아니라 내담자도 자신의 전문가임을 인증하는 탈중심적이지만 영향력 있는 역할을 하는 치료적인 자세를 가져야 한다. 이 의미는 상담자가 다양한 질문과 반영을 통해 내담자가 잊고 있었던 영역을 탐색하도록 길을 안내함으로써 내담자 스스로 자신에 대한 성찰과 자기 확신, 자기 확장을 도모해야 한다는 것이다.

2 기본 가정

이야기치료는 다음과 같은 가정을 기본적으로 전제한다.

첫째, 인간은 이야기하는 존재이다. 인간은 이야기를 통해 삶을 배우며, 말하고 듣는 과정을 넘어 창조적으로 자신의 삶을 조직하고 의미를 만든다. 즉, 인간은 이야기적 존재로 태어나며, 자신이 이야기의 주체가 되고, 이야기를 통해 자신과 타인 그리고 세계와 관계성을 맺고 살아간다.

둘째, 인간의 삶의 이야기는 가치 중립적이지 않다. 이야기는 문화적 상황에서 발생하는 것이기에 그 배경에는 어떤 주체나 동기가 있으며, 이러한 상황 속에서 이야기는 다양한 방식으로 표현된다. 이야기는 사회적 환경 안에서 사람들 간의 상호작용 속에서 발생하는 대화의 결과물로, 내담자가 나라고 굳건히 믿는 이야기는 객관적인 진리가 아니라 그 시대의 지리적 · 사회적 · 정치적 상황을 포함한 문화적 배경 속에서 만들어진다. 그러므로 내담자를 이해하기 위해서는 개인이 만든 이야기가 아니라 사회문화적 차원에서 만들어진 이야기를 듣는 것이 중요하다. 이러한 이야기와의 연관성 속에서 내담자의 경험을 들을 수 있기 때문이다. 그러므로 이야기치료에서 상담자는 내담자의 이야기 속으로 함께 들어가는 동시에 그들의 이야기를 인식하기 위해 문화적 · 역사적인 조건을 탐구하는 것이다.

셋째, 지배적 이야기의 해체는 삶을 위한 새로운 가능성을 열어 준다. 개인을 지배하는 이야기는 개인의 생각과 행동의 지식이면서 동시에 사회적 상황에서 전제되는 지식이기도 하다. 지배적 이야기가 긍정적일 때는 문제가 되지 않으나, 부정적일 때는 쉽게 문제에 봉착하게 되며 자기 파괴적인 행동을 일으킬 수도 있다. 이러한 현상에 대해 이야기치료는 특별한 관점을 제공한다. 이야기는 개인의 문제를 탐색하고, 담론화시키고, 밝혀내고, 분리하는 기회를 제공하는 것이다. 이것이 White가 주장하는 이야기치료의 해체과정이다. White가 주장하는 해체란 너무나 당연시하는 실제나 행동을 다시 뒤집어보는 것이고, 진리라고 불리는 조건이나 상황을 분열시켜서 모든 사람이 승인하는 실제를 새로운 관점으로 보게 하는 것이다. 그러므로 해체는 개인의 삶을 구성하고 있는 사회문화적 구조 속에서 개인의 위치를 확장하는 것으로, 개인의 생각과 생활양식의 해체를 의미한다. 그리고 이는 개인 삶의 새로운 가능성을 열어 주게 된다.

넷째, 이야기는 개인의 삶을 새롭게 구성하는 힘을 지닌다. 이야기는 인간의 일상적 삶에 의미를 부여하며, 인생의 과거와 현재를 나타낼 뿐 아니라 미래에 대한 방향성을 제시한다. 따라서 이야기치료는 이야기의 치료적 기능을 촉진해 나가고 치료를 불러일으키는 삶의 이야기를 찾아 적용하는 데 주력한다. 그리고 이야기치료 과정은 내담자의 왜곡된 이야기를 다시 새로운 이야기로 써 나갈 수 있도록 도와주는 작업이다. 개인의 삶에 있어 새로운 이야기는 내가 누구이며, 왜 여기에 있고, 우리가 무엇을 해야 하는지를 말해 준다. 그리고 새롭고 건강한 이야기 속에서 긍정적이며 적극적인 인물로서 자신을 볼 때, 개인의 삶의 변화시키고 성장시키는 힘을 주게 된다.

3 이야기치료 기법

1) 상담목표

이야기치료의 상담목표는 문제 중심의 지배적 이야기를 분리하고, 이를 통해 대상자와 문제와의 관계를 재정의하여 긍정적이고 건설적인 역할을 했던 대안적 이야기를 탐색하여 긍정적인 정체성을 구축하고, 나아가 현실에서 대상자가 선호하는 긍정적인 정체성에 기반한 새로운 이야기를 쓰고 이를 관철하도록 하는 것이다.

2) 상담 과정 및 기법

대상자의 삶에 이미 구성(construction)되어 있는 이야기를 탈구성(deconstruction)의

과정을 거쳐 재구성(reconstruction)해 가는 것에 초점을 두고 있으며, 지배적 이야기 탐색하기, 사람과 문제를 분리하기, 독특한 결과 발견하기, 대안적 이야기 구축으로 대안적 정체성 굳히기, 새로운 이야기 쓰기 등의 접근방법을 사용한다. 이야기치료에서의 상담 과정은 이야기치료 구조 상 중복되는 질문이 자주 등장하기도 하고, 과거, 현재, 미래를 수시로 왔다 갔다 하며 대화가 진행되기 때문에 이야기치료 배경이 되는 철학과 신념을 늘 염두에 두고 인식하고 있어야 한다. 내담자가 선호하는 자신의 이야기를 실행할 수 있도록 이야기 흐름에 따른 상황과 맥락을 융통성 있고, 유연하게 전개한다. 특별히 구조화된 과정이나 정해진 순서가 없으나 내담자의 이야기를 흐르게 하고 확장하는 데 있어서 총체적인 접근을 시도할 수 있다.

(1) 과정

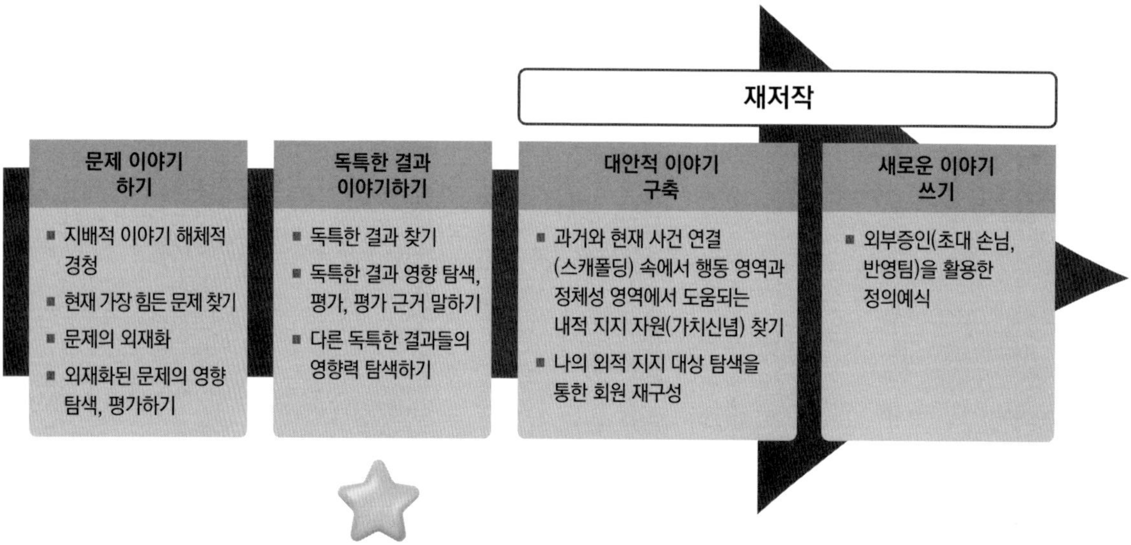

(2) 기법

① 지배적 이야기 해체적 경청

지배적 이야기란 문제를 중심으로 내담자의 경험이 현실로 굳어진 이야기들이다. 인간은 지배적 이야기에 따라서 자신을 부정적으로 평가하고, 자신이 바라는 혹은 자신에게 참으로 중요한 삶의 경험을 이야기로 만들지 못하고 그런 경험과는 배치되는 모순되는 문제를 중심으로 자신에 대한 정체성을 부정적으로 결론짓게 한다. 따라서 인간은 자신의 이야기가 삶의 경험을 충분히 담아내지 못하고 모순된다고 느낄 때, 자신의 이야기를 수정해야 할 필요성을 느낀다. 상담자는 내담자에게 자기 삶의 경험을 충분히 서술할 기회를 제공함으로써, 지배적 이야기로 인해 발견하지 못했던 내담자의 다양한 삶의 이야기를 들어 볼 수 있도록 해야 한다. 이 과정에서 상담자는 내담자의 이야기를 힘없고 고통스러운 병적인 장면을 구체화하거나 강화하지 않고, 그들의 이야기를 받아들이면서 이해하려는 특별한 종류의 듣기, 즉 '해체적 경청(deconstructive listening)'을 하게 된다.

해체적 경청은 내담자가 지배적 구성으로 짜인 문제 이야기에서 벗어났던 그때의 경험(독특한 결과)을 찾아낼 때 상담자는 그 이야기에 대해 자세히 묻거나 그 의미를 어떻게 이해하고 해결했는지 질문함으로써 이를 개념화하는 것이다. 해체적 경청의 목표는 당연시 여겨지는 생각에 도전하여 문제의 관점을 바꾸고, 내담자가 선호하는 사고, 생각, 삶의 방식과 잘 연결되도록 도우며, 선호하는 새로운 이야기를 시작하는 계기를 만드는 것이다. 이것은 해체적 대화를 통해 내담자가 지배적 이야기에서 벗어나 다른 긍정적인 관점에서 자신을 볼 수 있게 해 준다.

예시 질문

- 오늘 여기 오신 이유는 무엇인가요?
- 어떤 문제가 해결되기를 바라시는지요?

- 저는 상담전문가이지만 이야기치료에서는 당신이 당신에 대한 전문가라고 합니다. 따라서 당신에 대한 전문가로서 오늘 하고 싶은 이야기는 무엇인가요?
- 혹시 아무 생각이 떠오르지 않으면 이 인생 곡선을 한번 그려보면 어떨지요?
- 그 다음은요?

② 현재 문제 이야기 확인하기

내담자가 사는 동안 내담자를 힘들게 하고 고통스럽게 하는 병적인 장면들 중 현재 가장 고통을 주는 사건을 중심으로 이 사건이 내담자에 어떤 고통을 주는지 확인하고, 나를 잠식하는 그 고통을 현재의 문제로 정리한다.

예시 질문

- 당신의 착했던 아이가 당신에게 험악한 표정으로 대드는 상황이 당신에게 어떤 고통을 주나요?
- 앞에서 잠깐 이야기 나누었지만 당신의 인생에서 많은 어려움이 있었던 거 같은데요. 그중 지금 현재 당신의 삶에서 가장 힘든 문제(어려움)는 무엇인가요?
- 그 당시 당신이 경험한 감정은 어떤 것이었나요?
- 그러한 생각과 감정이 당신을 어떻게 얼마나 힘들게 하나요?

③ 문제를 외재화시켜 사람과 분리하기

사람과 문제를 분리한다는 것은 '사람이 문제가 아니라 단지 문제가 문제'라고 여기고 문제에 이름을 붙이는 과정을 통해 문제와 사람을 의도적으로 분리하는 방식으로 외재화(externalizing) 과정이라고 부른다. 외재화 과정은 이야기치료의 가장 창의적이고 핵심적인 기법으로 문제를 경험하는 내담자를 문제로 보지 않고 문제를 외부에 존재하는 실제로 의인화하여 다루는 것이다. 외재화 과정을 통해 내담자는 지배적인 힘든 문제 이야기로부터 분리됨으로써 자신이 이미 가지고 있었던 만족스러웠던 긍정적인 이야기를 찾는 길을 열게 된다. 즉, 내담자가 비난이나 죄책감에서 벗어나 문제를 해결해 왔던 힘이나 강점과 자원을 생각할 수 있게 된다. 또한, 문제와 사람을 떼어 놓고 봄으로써 문제를 객체화할 수 있고, 내담자에게 문제가 붙지 않았던 선량한 자신의 상황을 볼 수 있게 한다. 이로써 내담자의 경험은 재해석되고, 상황을 다르게 인식하기 시작함으로써 이미 가지고 있었던 강점을 발견하게 된다.

White에 의하면 문제로 고통스러워하는 내담자에게 도움이 되는 문제 외재화는 다음과 같은 장점이 있다. 첫째, 개인의 삶과 인간관계에 대한 심각한 이야기로부터 자유롭게 해 준다. 둘째, 삶과 인간관계의 더 나은 이야기와 대안을 생성하고 부활시키도록 격려한다. 셋째, 새로운 인간관계를 발견하고 진전하도록 돕는다. 그렇게 함으로써 새로운 정체성과 새로운 선택에 대한 책임감을 가질 수 있고 새로운 가능성을 추구할 수 있게 된다.

예시 질문

- 내게 오는 그 고통들, 흔히 그것을 이야기치료에서는 문제라고 하고, 이 문제를 객관화시키기 위해 이름을 붙여보는데요. 현재 당신을 힘들게 하는 그 문제의 이름(그놈의 이름)을 뭐라고 붙이면 좋을까요?
- ○○○(그놈)은 처음으로 당신에게 나타난 때는 언제인가요?
- ○○○(그놈)은 어떻게 당신을 힘들게 하나요?
- ○○○(그놈)은 언제 가장 힘이 센가요?
- ○○○(그놈)은 어디에서 가장 힘이 센가요?
- ○○○(그놈)은 어떨 때 가장 힘이 센가요?
- ○○○(그놈)은 당신이 자신을 어떻게 생각하도록 만들었나요?
- ○○○(그놈)은 당신을 다른 사람에게 어떤 사람으로 보이게 했나요?
- ○○○(그놈)은 당신을 어떤 함정에 빠트리기 위해 붙었을까?

- 당신을 향한 ○○○(그놈)의 계획은 무엇일까요?
- ○○○(그놈)은 당신의 가족/직장/친구 관계, 당신의 미래에 어떤 영향을 끼치고 있나요?

④ 독특한 결과 발견하기

독특한 결과(unique outcome)를 발견한다는 것은 평소에 인식하지 못했지만, 내담자의 삶에 존재하는 문제의 영향력에서 벗어났던 예외적인 경험을 재해석하여 의미를 발견하는 것이다. 이를 통해, 내담자가 예외상황에 각별한 의미가 존재하고 있음을 깨닫게 됨으로써, 자신이 지향하는 삶과 추구하는 가치를 재발견함으로써 대안적 이야기를 만들게 된다. 독특한 결과를 발견하고자 하는 상담자는 내담자의 지배적 문제 이야기를 해체적 경청을 통해 알지 못한다는 자세로, 이야기 쓰기의 주도권을 내담자에게 주는 탈중심적이며 영향력 있는 참여가 필요하다.

예시 질문

- ○○○(그놈)은 다가올 때 그것을 정지시킨 경험이 있었나요?
- ○○○(그놈)의 함정에 빠지지 않은 적이 있나요?
- 어떻게 그렇게 할 수 있었나요?
- 그것을 이야기치료에서는 당신이 가진 반짝이는 빛나는 결과라고 합니다. 당신의 반짝이는 빛나는 결과는 언제, 어디에서 나타났나요?
- (반짝이는 빛나는 결과)가 있을 때 주변에 누가 있었나요? 그 사람은 뭐라고 했나요?
- (반짝이는 빛나는 결과)는 당신에게 어떤 의미를 주었나요?
- 당신은 어떤 가치로 (반짝이는 빛나는) 행동을 했나요?

⑤ 대안적 이야기 구축 및 회원 재구성

대안적 이야기는 독특한 결과로 찾은 이야기를 토대로 이미 이전부터 가지고 있었던 긍정적인 또 다른 독특한 결과들을 탐색하는 과정으로, 재저작(re-authoring)을 위한 시작이 된다. 독특한 결과들은 우연히 일어난 일회적 사건이 아니라 서로 비슷한 의미로 연결되어 하나의 대안적 이야기를 만들어 낸다. 대안적 이야기가 충분한 힘을 갖고 있지 않다면 지배적 이야기의 힘을 약화시킬 수 없고 그것을 뛰어넘기도 어렵다. 이를 구축하기 위해서는 행동 영역과 정체성 영역을 오고 가며 질문하는 과정, 즉 재저작 절차가 필요하다. 행동 영역에서는 누가, 언제, 어디서, 얼마나, 어떤 일이 있었는지에 대해 질문함으로써 독특한 결과와 연관된 사건들을 대안적 이야기로 연결될 수 있다.

정체성 영역의 질문은 독특한 의미를 발견하는 과정으로, 행동 속에 있는 내담자의 가치, 신념, 믿음을 새롭게 발견하도록 돕는다. 이 과정은 건축 과정의 비계 설정과 비슷하다 하여 스캐폴딩(scaffolding)이라 부른다. 스캐폴딩 대화가 진행되면 빈약한 이야기가 풍성해지며 그 틈새가 채워지면서 대안적 이야기는 점차 분명한 주제를 가진 굳건한 이야기가 된다. 이때 상담자와 내담자는 지배적 이야기에 대항하는 대안적 이야기를 발견하게 된다. 그 다음 회원 재구성 대화를 통해 내담자의 삶에서 내담자를 인정해 준 사람을 찾아내 증명함으로써 내담자에게 힘을 주고, 내담자를 인정한 회원들을 내담자의 대안적 정체성의 배경으로 포함시킨다. 이 과정을 통해 내담자를 자신의 삶을 주체가 되도록 하며, 그간 몰랐던 내담자에게 힘이 된 중요한 사람들을 발견해 냄으로써 이미 가지고 있었던 긍정적 정체성을 실현할 힘을 얻도록 한다. 이처럼 내담자는 삶의 관계를 수정하는 새로운 기회를 받음으로써 잊혀졌던 삶의 가치나 목표를 알아차릴 수 있다.

예시 질문

- (독특한 결과 = 반짝이는 빛나는 결과)와 같은 일이 언제 또 있었나요?
- (독특한 결과 = 반짝이는 빛나는 결과)와 같은 일이 어디에서 또 있었나요?
- 바로 앞서 저와 대화하면서 당신의 인생은 어떤 가치로 일관되게 살아온 것 같습니까?
- 당신의 신념은 무엇이었나요?

- 당신의 희망, 꿈 및 기대는 무엇이었나요?
- 나의 진가를 알아준 사람이나 사물을 찾아봅시다. 그 사람(사물)이 조금 전 찾아낸 당신의 대안적 이야기를 들으면 뭐라고 할까요?
- 그 사람(사물)이 무엇 때문에 당신이 그런 사람이라고 생각하게 되었을까요?
- 그 사람(사물)은 언제부터 당신이 그런 사람이라고 생각하게 되었을까요?
- 당신은 그 사람(사물)에게 어떤 기여했으며, 어떤 의미가 되었을까요?

⑥ 대안적 정체성 굳히기 및 새로운 이야기 쓰기

새로운 이야기는 내담자가 살아가고 싶은, 꿈꾸고, 선호하는 미래의 이야기를 의미한다. 그것은 내담자에게 새로운 정체성의 이야기가 된다. 따라서 새로운 이야기 쓰기 전 대안적 정체성 굳히기는 이야기치료 과정을 통해 재형성된 내러티브 정체성을 사회적 정체성으로 확장시켜 확고히 굳히는 과정을 말한다. 즉, 내담자의 대안적 정체성 굳히기는 삶의 어려움, 장애, 문제 등을 극복하고 해결하는 데에 있어 내담자가 이전과 다른 방식으로 대응하고 시도하고자 하는 새로운 이야기 쓰기의 원동력이 될 수 있다.

굳건한 대안적 정체성이 포함된 새로운 이야기는 외부증인이라 부르는 청중을 통한 정의예식이 필요하다. 즉, 정의예식은 외부 증인이라는 부르는 청중들 앞에서 새로운 이야기를 선포하는 것이다. 청중은 내담자의 회원 재구성을 통해 선별한 사람들이 될 수 있다. 내담자는 청중들 앞에서 자신의 대안적 정체성이 포함된 새로운 이야기를 한다(telling). 청중들은 내담자의 이야기를 듣고 인상 깊었던 이야기나 느낌을 다시 말하기(retelling)를 통해 피드백하면, 내담자는 그 청중의 이야기를 듣고 다시 말하기의 다시 말하기(retelling of retelling)를 통해 굳건한 대안적 정체성이 포함된 새로운 이야기를 선포하게 된다. 정의예식은 내담자에게 새로운 이야기 또는 다른 이야기의 출발선에 있는 상태로 새로운 여정을 시작하는 것에 대한 축하이자 새로운 다짐과 각오를 하는 삶의 이정표를 만드는 예식이다.

예시 질문

- 이야기치료 마지막 단계에는 오늘 초대된 외부증인 앞에서 앞으로 어떻게 사실지 말해 보는 새로운 이야기 쓰기 단계가 있는데요. 한번 이야기해 볼까요?
- 생각이 어떻게 바뀌었나요?
- 그런 훌륭한 탄력성 있는 관점 변화는 어떻게 일어났나요?
- 오늘 이 자리에 초대되신 외부증인께서는 방금 들은 이야기와 관련하여 어떤 생각이 떠오르시나요?
- 외부증인인 당신에게 인상 깊었던 표현이나 장면이 있다면 무엇인지요?
- 외부증인께서는 우리의 대화를 들으면서 새롭게 든 생각이나 느낌, 깨달음이 있나요?
- 내담자께서는 외부증인의 이야기를 들으면 어떤 생각이나 느낌, 깨달음이 있나요?

PART II

이야기치료 상담사례

사례❶ 조현병

1 내담자 인적사항 및 가족사항

1) 내담자 인적사항

- 이름: 이주연
- 성별: 여자
- 나이: 40세
- 결혼상태: 기혼
- 학력: 고졸
- 직업: 무직
- 진단명: 조현병

2) 가계도

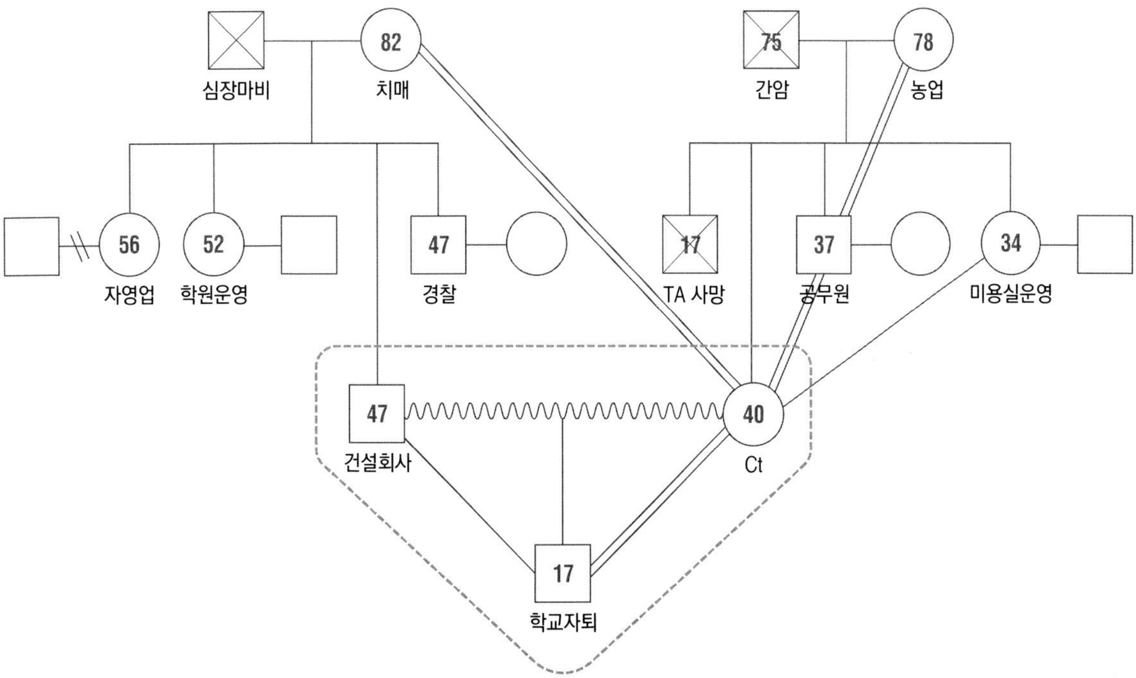

2 내담 경위

4남매 중 둘째로 어릴 때부터 조용하고 내성적인 성격이었음. 내담자는 오빠가 고등학교 때 교통사고로 사망한 후, 알코올 중독이 된 아버지가 어머니를 괴롭히는 모습을 보고 자랐음. 어머니는 생활력이 강하고 자식들에게 헌신적인 사람이었으나 아버지의 무능력함과 술 때문에 집안은 늘 시끄러웠다 함. 둘째로 성장한 내담자는 부모님에게 아무런 관심을 받지 못했으며, 대학을 가고 싶었지만 가정형편의 어려움으로 포기해야만 했고, 빨리 집에서 벗어나고 싶었다 함. 고등학교 졸업한 후 작은 건설회사에 다니며, 같은 회사에 다니는 현재의 남편과 연애로 결혼 후 직장을 그만두고 아들을 낳았지만 산후우울증과 결혼생활의 스트레스로 사는 게 힘들었다 함. 항상 피해의식과 무기력함으로 살다가 1년 전부터는 피해망상과 '죽어'라는 환청 때문에 자살시도를 할 만큼 힘들어 스스로 인터넷에 검색해 정신병원을 찾아갔다가 조현병 진단을 받고 2개월 입원한 적이 있음. 현재는 외래 치료 중이며, 병이 생기고 난 후부터 남편이 술을 마시고 폭력을 행사하며 수시로 자신을 괴롭히는 상황에서 스스로가 너무 쓸모없고 보잘 것 없는 것 같아 괴로워하면서도 정신건강복지센터 재활프로그램에 간간히 참여하는 상태로, 정신건강전문요원에게 전문적인 상담을 받기 위해 방문함.

3 주호소

무가치함, 피해망상, 환청, 자존감 저하, 자살 생각, 우울

4 심리검사 결과

1) 자존감 검사

Rosenberg 자아존중감 척도(RSES) 20점으로 자존감이 낮은 편임

2) 양성 · 음성 증후군 척도

양성 · 음성 증후군 척도(PANSS) 8점으로 환청은 매우 경한 상태이고, 피해의식과 우울은 경한 상태로 관찰됨

3) 우울 척도 검사

우울 척도(PHQ-9) 20점으로 중간 정도의 우울을 보이고 있음

5 상담목표/전략

1) 상담목표

- 내담자가 자기 자신에 대한 전문가임을 알게 하여 자존감 향상
- 내담자의 성격 이면에 부정적으로 지배하고 있는 이야기를 해체시키고 문제 이야기를 분리시켜 피해적 사고와 우울 감소
- 내담자 이면에 존재하고 있었지만 잊고 있었던 대안적 이야기 구축을 통한 긍정적 정체성 확립으로 가족관계 능력 향상

2) 상담전략과 접근 방식

- 이야기치료식 접근 not-knowing posture를 취함으로써 내담자가 자기 자신에 대한 전문가임을 알게 하여 자존감을 높인다.
- 이야기치료를 활용하여 자신의 감정을 잘 지각하고 표현하도록 돕는다.
- 이야기치료를 활용하여 내담자의 이야기 속에서 강점 · 자원을 찾아 알려준다.
- 이야기치료를 활용하여 가족과의 긍정적인 관계를 인식하도록 하여 가족관계 능력을 향상시킨다.

3) 회기별 계획

회기	주제	상담내용	시간(분)
1	오리엔테이션 지배적 이야기 중 문제 외재화 및 문제 결과와 영향력 탐구 및 독특한 결과 찾기	• 상담자 소개 및 내담자 자기 소개 • 상담이론 관련 소개 • 지배적 이야기 듣기(인생 곡선 활용 가능) • 현재 당면한 가장 힘든 문제 이야기 찾아 이름 붙이기 (문제 외재화) • 문제의 결과와 영향력 탐색하기 • 독특한 결과(반짝이는 사건) 찾기 및 영향력 탐색하기 • 과제: 독특한 결과 추가로 찾아오기 • 자존감과 우울 검사하기	90
2	다른 독특한 결과들 영향력 탐구 및 스캐폴딩을 통한 대안적 이야기 구축	• 다른 독특한 결과들과 영향력 탐색하기 • 스캐폴딩을 통해 평소 나의 가치와 긍정적 정체성 찾기 • 과제: 외부 지지자원 탐색해 오기	50
3	회원 재구성과 새로운 이야기 쓰기	• 생태도를 통한 나의 지지대상 탐색 및 나의 기여도 탐색 • 나의 미래 방향 다짐하기	50

[사례① 조현병]

6 회기별 상담 시나리오

1) 1회기

회기 및 주제	1회기: 오리엔테이션 지배적 이야기 중 문제 외재화 및 문제 결과와 영향력 탐구 및 독특한 결과 찾기
상담내용	• 상담자 소개 및 내담자 자기 소개 • 상담이론 관련 소개 • 지배적 이야기 듣기(인생 곡선 활용 가능) • 현재 당면한 가장 힘든 문제 이야기 찾아 이름 붙이기(문제 외재화) • 문제의 결과와 영향력 탐색하기 • 독특한 결과(반짝이는 사건) 찾기 • 과제: 독특한 결과 추가로 찾아오기 • 자존감과 우울 검사하기
장소/시간	구미정신건강복지센터 상담실/90분

번호	사례관리자	대상자	사례관리자 치료적 의사소통기법
1	(미소 지으며) 안녕하세요. 저는 정신건강전문요원 유정희입니다.	(굳은 표정으로) 저 이 센터에서 선생님은 처음 뵙는 것 같아요.	정보 제공/ 존중
2	아! 저를 처음 보시는군요. 사실 저는 구미정신건강복지센터에서 5년째 근무하고 있어서 주연씨는 저를 모르시지만 저는 멀리서 뵌 적이 있거든요.	(머뭇거리며 상담실 전체를 둘러보며) 아~ 그래요?	정보 제공/ 존중
3	(목소리 톤을 낮추며) 주연씨의 이야기는 비밀이 보장됩니다. 하지만 이야기내용 중 자신을 해하거나 다른 사람을 다치게 하는 내용이 있는 경우 모두의 생명을 보호하기 위해 비밀유지를 못할 수 있다는 점 알려드립니다. 오늘부터 매주 수요일 2시에 시작하여 50~90분 정도로 3번 상담을 할 예정입니다.	(못 믿겠다는 듯이) 정말 비밀보장이 돼요?	정보 제공

4	(고개를 끄덕이며) 네~ 편안하게 생각나는 대로 말씀하시면 됩니다.	(여전히 이리저리 눈치를 살피며) 그런가요?	경청 추임새/ 정보 제공
5	주연씨 사시는 동네가 어디인가요?	(의심스럽게) 우리 동네는 왜요. 상담하고 관계가 있나요?	개방적 질문
6	사는 곳을 물어보는 것이 상담과 관련이 없다고 생각하시는군요.	(방어하듯이 눈치를 보며 작은 목소리로) 꼭 그런 뜻은 아니지만… 저 여기 근처에 살아요.	반영
7	(반가운 목소리로) 이 근처라면 센터하고 가깝게 사시는군요.	(눈치 보며) 그렇죠. 가까운 편이죠.	반영
8	오늘 기분은 좀 어떠신지요?	(마지못해 왔다는 듯) 항상 그래요. 어제 전화가 와서 할 수 없이 나왔어요.	개방적 질문
9	항상 그렇다는 말은 어떤 의미죠?	항상 똑같이 기분이 별로라는 이야기죠. 좋은 일이 별로 없어요.	개방적 질문
10	기분이 썩 좋으시진 않지만, 오늘 어떤 이야기를 나누면 그래도 이 시간이 의미가 좀 있을까요?	사실 상담할 생각이 없었는데 센터에서 직업재활 프로그램을 이용하고 있거든요. 직업재활담당 선생님이 한번 가 보라고 해서 왔어요.	개방적 질문
11	아! 그러시군요.	(머뭇거리며) 제가 조현병이거든요. 요즈음 내가 너무 쓸모없는 인간 같고, 작은 일에도 상처를 너무 많이 받아요.	경청 추임새
12	주연씨! 자신이 작은 일에도 상처받고 쓸모없는 인간이라고 하셨는데, 구체적으로 어떤 의미인지 말씀해 주시겠어요?	(성의 없이) 말 그대로예요. 사람들이 나에게 상처를 너무 많이 줘서 내가 쓸모없는 사람처럼 느껴진다는 말이죠.	구체화
13	주연씨를 무시하는 주위 사람들 때문에 자신이 가치가 없게 생각된다는 말이군요.	(고개를 흔들며) 그래서 전 사람 만나는 게 싫어요. 하지만 센터 선생님들은 달라서 이렇게 왔어요.	명료화

14	(수긍하는 표정으로) 네. 제가 오랫동안 근무하면서 주연씨 같은 분들을 봐 왔기 때문에 무슨 말인지 이해할 수 있습니다. 그런데 오늘은 주연씨의 장점을 찾아냄으로써 그래도 기분이 좀 좋아질 수 있는 상담인 이야기치료를 해 보려고 합니다.	저는 장점이 없는 사람인데···	정보 제공
15	(웃으며) 정말 그럴까요?	(마지못해) 잘 모르겠어요.	개방적 질문
16	(인생 곡선 용지를 보여 주며) 주연씨! 아직 젊지만 그간 어떤 삶을 살아오셨는지 여기에 인생 곡선을 한번 같이 그려 보면 어떨까요?	(자신 없어 하는 목소리로) 글쎄요~	개방적 질문
17	인생 곡선 그래프는 살아오면서 겪었던 것들을 한번 그려 볼 거예요. 그림을 보면서 설명드릴게요. 보시면 내가 힘들었던 순간들이 있으면 기준선에서 밑으로 갈 거예요. 하지만 기쁘거나 좋았던 일들이 있으면 위쪽으로 점점 올라가겠죠? 한번 그려 볼까요?	(한숨을 쉬며) 한번 해 볼게요. (그리는 중)	정보 제공

인생 곡선 그리기(20분 소요)

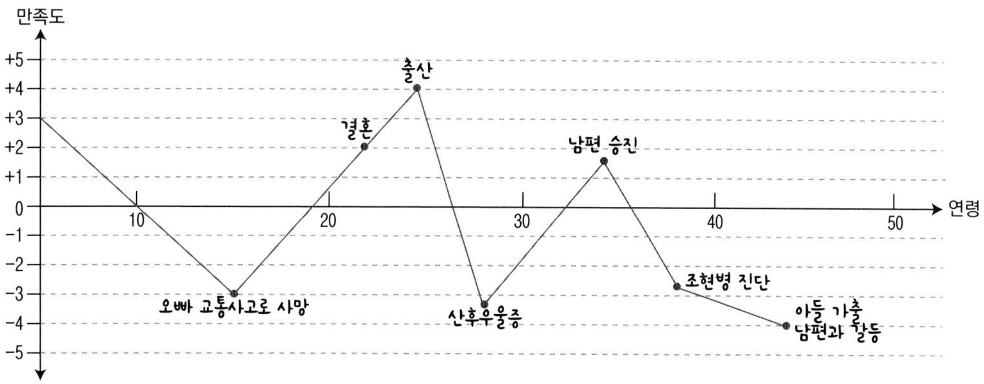

18	(완성된 그래프를 보며) 인생 곡선을 그리면서 어떠셨어요?	(계속 종이를 바라보며) 많은 생각이 드는 거 같아요. 무엇부터 써야 할지 모르겠어요.	개방적 질문

19	그렇지요~ 무얼 써야 할지 모르겠다고 하셨는데, 이것만으로 많이 힘드셨을 것 같네요.	(조용하게) 좋았던 적이 별로 생각 안 나요.	공감

지배적 이야기(dominant story)

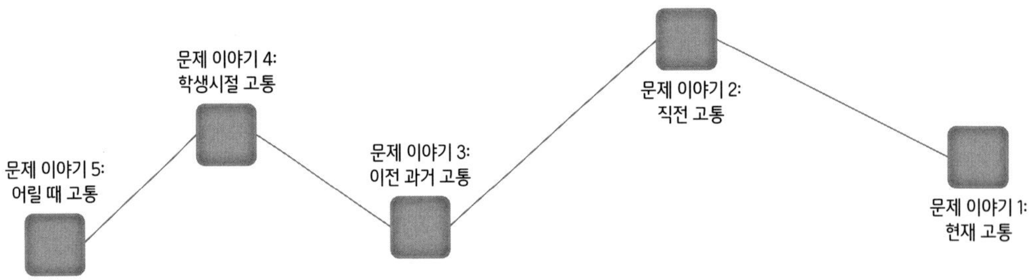

20	자! 그럼 본격적으로 이야기치료 원리를 적용하여 상담을 시작할게요. 저는 상담전문가라서 상담진행은 잘하지만 주연씨 인생이야기의 전문가는 주연씨이기 때문에 자신의 인생에 대한 전문가이자 주인공으로서 말씀해 주시기 바랍니다. 지금부터는 전문가끼리 대화를 해 보도록 하겠습니다.	네~ 저는 인생의 주인공이라 생각해 본 적이 없어요. 항상 존재감 없이 살았던 것 같아요.	이야기치료 정보 제공
21	(그래프를 보면서) 그렇군요. 어떤 일들이 있었는지 이야기해 주실 수 있을까요?	(조용한 목소리로) 네… 저는요 선생님. 이렇게 그래프를 그려 보니까 어렸을 때부터 기분이 좋았던 적이 별로 없었던 것 같아요. 결혼하고, 애를 낳고 산후우울증 오고 힘들었지, 아들이 말 안 들어 힘들었지… 돈 벌기 바빴으니까 잊고 살았는데 그게 이제서야 터졌던 것 같아요.	이야기치료 개방적 질문
22	(고개를 끄덕이며) 아, 그러셨군요.	(눈치를 보며) 아무래도 병에 걸렸을 때가 제일 힘들었던 때인것 같아요. 여기는 도청 같은 거 안 하지요? 도청 때문에 너무 힘들었어요. (목소리를 낮추며) 아파트에 아는 언니가 있어요. 계속 나를 못 살게 하잖아요. 언니뿐만이 아니라예~	경청 추임새

23	아파트에 아는 언니뿐만이 아니라면 또 누가 있나요?	남편도 나를 무시할 때가 많아요, '네가 가족을 위해 무엇을 했냐?'라면서… 아들 문제도 다 내가 문제라는 거죠. 그런 말 듣고 나면 그대로 풀이 죽고, 아무것도 하고 싶지 않아요. 지금은 덜하지만 그때는 자꾸 귀에서 '죽어!'라고 하고, 쓸모없는 년이라고 욕하고… 사람이 살 수가 없었어요.	개방적 질문
24	(고개를 끄덕이며) 특히 가장 가까운 남편으로부터 그런 말을 들었다면 많이 힘드셨겠군요.	(자신 없는 투로) 사실 여기 센터에서도 가끔 기분이 나빠져요. 사람들이 다 환자라서 자기 기분대로 막 이야기해서 상처받아서 제가 쓸모없는 사람처럼 생각되어 나오기 싫을 때가 많아요.	명료화

현재 가장 힘든 문제 이야기

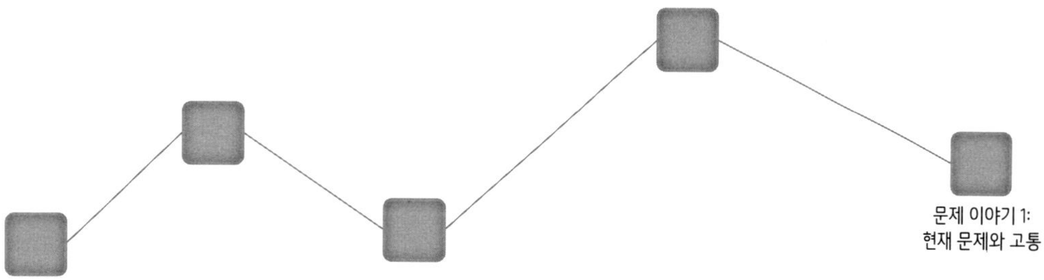

25	(진지하게) 지금 가장 힘든 일은 자신이 너무 쓸모없는 사람처럼 느끼는 것이군요.	(눈치를 살피며) 식구 해봤자~ 남편하고 아들 1명인데요. 내가 계속 우울하고, 예민하니까? 싫겠지요. 그래서 그런지 남편은 맨날 술이고, 아들은 밖으로 나돌고… 그리고 내가 병 때문에 약을 먹잖아요. 안 먹을 때도 가끔 있어요. 잊어버릴 수 있잖아요. 그러면 아들과 남편이 난리가 나요. 약 먹으라고… 아픈 데도 없는데 내가 환자가 된 기분이라… 기분이 안 좋아요. 진짜 쓸모없는 사람 같아요.	명료화

26	식구들에게 가치 없는 사람처럼 취급되는 것 같아 속상하시군요.	(한숨을 쉬며) 그렇죠. 내가 엄마가 아니라 보호받아야 하는 사람처럼… 그런 눈빛도 싫고… 남편이 스트레스 받으면 술 마시고 나를 무시하는 말을 하고 (망설이며) 때릴 때도 있어요.	반영
27	남편이 주연씨를 무시하는 상황이 주연씨에게 어떤 고통을 주나요?	음~ 제가 너무 무기력하게 느껴지죠. 원래가 살가운 사람은 아니지만 욕을 하거나 때리지는 않았거든요. 어떨 때는 같이 욕하고 때리고 싶기도 해요. 그런데 내가 힘이 없으니까 당하는 거죠.	이야기치료 개방적 질문
28	남편의 무시하는 태도에 주연씨가 너무 무기력하게 당하고 있다고 느끼시는군요.	맞아요! 내가 너무 힘이 없다는 것이 속상해요.	반영
	문제 외재화하기		
29	자! 그럼 남편이 술 마시고 나를 무시하는 말과 함께 주연씨를 때릴 때 맞는 아픔도 고통스럽지만 그것이 주연씨에게 주는 존경받아야 할 인간으로서 좌절과 무기력함과 같은 그 고통들을 이야기치료에서는 문제라고 하고, 이 문제에 이름을 붙입니다. 주연씨, 이 문제에게 이름을 뭐라고 붙이면 좋을까요? 이 문제는 주연씨에게 힘든 사건이 생겨 빌미를 줘도 나에게 붙지 않아야 할 나쁜 놈이거든요. 즉, 이 나쁜 놈에게 이름을 붙인다면 뭐가 좋을까요?	(생각하며) 글쎄요.	이야기치료 문제 외재화 질문1
30	다시 한번 설명드리면, 주연씨가 이 세상 모두에게 무시당하고 쓸모없는 사람이 된 것 같은 그 나쁜 생각과 느낌에 이름을 붙이고 상담을 진행할 것입니다.	네… 조금 어렵네요.	이야기치료 문제 외재화 정보 제공

31	보통 이름은 괴물, 악마, 귀신, 먹구름, 훼방꾼, 어흥(호랑이), 곰팡이, 진드기, 좀, 배신감, 미친괭이, 지랄, 바보, 천치, 장님, 도깨비, 내동댕이, 스크래치, 욱이, 흙탕물, 태풍, 지진, 쓰나미, 망망대해, 표류, 소용돌이 등 이런 이름들을 짓곤 해요. 포스트잇을 드릴테니 이름을 적어 주세요.	(곰곰히 생각하며) 주로 안 좋은 느낌이 나는 이름들이네요. 음… 별명처럼 지어도 되죠? 내 문제면… '스크래치'요. '스크래치'라고 짓고 싶어요. (포스트잇에 작성한다)	이야기치료 문제 외재화 정보 제공
32	'스크래치'라고 이름을 붙이셨는데, 이름을 '스크래치'로 지은 이유가 있을까요?	(한숨 쉬며) 사람들이 내 마음에 '스크래치'를 내는 것 같아서… 그래서 상처를 받은 것 같아서요.	개방적 질문
33	네! 좋습니다. 그 나쁜 놈을 '스크래치'라고 부를께요. 이것도 이야기치료의 기법인데요. 지금부터 포스트잇을 드릴테니 이 포스트잇에 '스크래치'라고 쓰고, 포스트잇에 쓴 '스크래치'라는 놈이 주연씨의 몸 어디에 붙었는지 한번 붙여 보세요.	(가슴에 붙이며) 여기에 있는 거 같아요.	이야기치료 문제 외재화 정보 제공

포스트잇에 '스크래치'라고 쓰고 자신의 가슴에 붙임

'스크래치'라는 놈(문제 외재화)의 결과와 영향력 탐색하기

34	'스크래치'가 가슴에 붙어 있네요.	네… 왜냐하면 가슴이 턱 막혀요. 숨이 턱 막혀요. 남편만 보면요. 그래서 가슴에 있는 거 같아요.	반영
35	(한참 후에) 그랬군요. 지금 '스크래치'라는 놈이 외부에서 와서 주연씨 가슴에 붙어 있는데 떼어내실 수 있는가요?	(몸에 붙은 포스트잇을 떼어내어 책상 위에 놓으며) 네!	이야기치료 문제 외재화 질문2
36	네. '스크래치'를 몸에서 떼어 내니 어떤 느낌이 드세요?	(고민하며) 사실 처음에는 '어떤 느낌이 드는지 왜 물어보는 거지?'라고 생각했는데 생각해 보니… 어? 나한테서 떨어졌네? 그러더니 가슴이 답답했던 게 조금 내려가는 느낌이 들어요.	개방적 질문

37	네. 맞아요. 이야기치료에서는 이를 문제와 선량한 주연씨를 분리시킨다고 말합니다. 이 말은 내 몸에 붙은 문제가 문제지, 문제가 붙은 사람이 문제가 아니라는 거죠.	그럼 나에게 붙어 있는 '스크래치'가 문제네요.	이야기치료 철학에 대한 정보 제공
38	그렇죠. 그럼 지금부터 이야기치료 방법으로 질문을 해 볼게요.	(신중한 표정으로) 말씀해 보세요.	정보 제공
39	주연씨! 이 '스크래치'라는 놈은 언제부터 주연씨에게 나타났나요?	(생각하며) 문제 말이죠. '스크래치'요? 글쎄요? 옛날부터 있었는데 내가 눈치를 못 채고 있었는지 모르겠지만 선생님도 알다시피 내가 병이 생기게 되면서 심하게 나타나게 되었어요.	이야기치료 문제 외재화 질문3
40	아! 네~	(진지하게) 아까도 이야기했지만 자꾸 나를 누군가가 도청을 했어요. 귀에서는 '쓸모없는 인간 죽어라'는 소리가 들리죠. 병이 생긴 후부터 남편과 다툼이 잦았고, 아들 앞에서도 싸우고 그랬었어요. 답답했죠.	경청 추임새
41	'스크래치'라는 놈이 주연씨에게 붙으면 어떻게 힘들게 하나요?	음~ 나를 괴롭혀요. 살기도 싫고, 자꾸 눈치 보게 되고, 내가 쓸모없다는 생각이 들고 그렇죠.	이야기치료 문제 외재화 질문4
42	'스크래치'라는 놈은 언제 가장 힘이 센 것 같아요?	아들이 속 썩이고… 남편이 술 마시고 때릴 때 이 '스크래치'가 나에게 붙어 나를 미치게 만드는 것 같아요.	이야기치료 문제 외재화 질문5
43	그렇군요. '스크래치'라는 놈은 어디에서 가장 힘이 센가요?	음~ (눈치를 보며) 부엌 식탁~ 남편이 자주 술 마시는 장소이고, 도청장치도 그곳에 있었어요.	이야기치료 문제 외재화 질문6
44	'스크래치'라는 놈은 어떨 때 가장 힘이 센가요?	내가 기분이 안 좋을 때요. 긴장되고 불안할 때 더 많이 괴롭히는 것 같아요. 그때 꼭 남편과도 싸우고, 나에게 안 좋은 소리도 들려요.	이야기치료 문제 외재화 질문7

45	그럼 '스크래치'라는 놈이 주연씨가 어떻게 행동하도록 만들었나요.	(생각을 하며) 살고 싶지도 않고, 작은 일에도 남들에게 화를 내게 되고, 그러고 나면 욕하는 소리도 들리고, 그 다음 괴로워 소리지르고 정신병이 다시 도지죠.	이야기치료 문제 외재화 질문8
46	'스크래치'라는 놈은 주연씨가 자신을 어떻게 생각하도록 만들었나요?	'내가 병이 나서 남편이 저렇게 변했나! 내가 부끄러운가? 남편은 나를 쓸모없는 사람이라 생각하는구나!'라는 생각이 들죠.	이야기치료 문제 외재화 질문9
47	네~ 그렇군요. 그럼 '스크래치'라는 놈은 주연씨가 다른 사람들에게 어떤 사람으로 보이게 하는가요?	다른 사람들에게 비치는 내 모습요? 잘은 모르겠지만 눈치 잘 보고, 자신감 없고, 남들 괴롭히는 사람… 그렇게 볼 것 같은데 잘 모르겠어요.	이야기치료 문제 외재화 질문10
48	그럼 '스크래치'라는 놈은 당신을 어떤 함정에 빠뜨리기 위해 붙었을까요?	(글쎄요) 내가 정신병자가 되게 한 것 같아요. 아들 낳고 산후우울증으로 고생했거든요. 한 1년 고생했는데 그 이후에도 기분이 늘 안 좋았어요. 그때는 병원에도 안 가도 그냥 살았죠. 그런데 환청이 들렸어요. '집 나가라', '쓸모없는 인간' 자꾸 나를 비난하는 소리가 들렸어요. 생활하는데 계속 안 좋은 생각이 들어요. 남들이 나를 어떻게 할 것 같고, 욕하는 소리 땜에 무서웠어요. 사실 아파트 언니들 하고 친하게 지냈는데 그 언니들이 나를 감시하고, 욕하는 거 같았어요. 그래서 사람들을 피해 다니다보니 주변에 사람이 없어요.	이야기치료 문제 외재화 질문11
49	'스크래치'라는 놈의 영향이 대단하군요.	(멍한 표정으로)…	명료화
50	힘드시겠지만 이제는 '스크래치'라는 놈이 당신 주위 사람들과의 관계에 어떤 영향을 미치고 있을지 생각해 보고 이 용지에 한번 간단하게 써 보도록 할게요.	네. 해 볼게요.	이야기치료 문제 외재화 정보 제공

문제의 영향력 탐색하기 워크시트 작성(5분 소요)

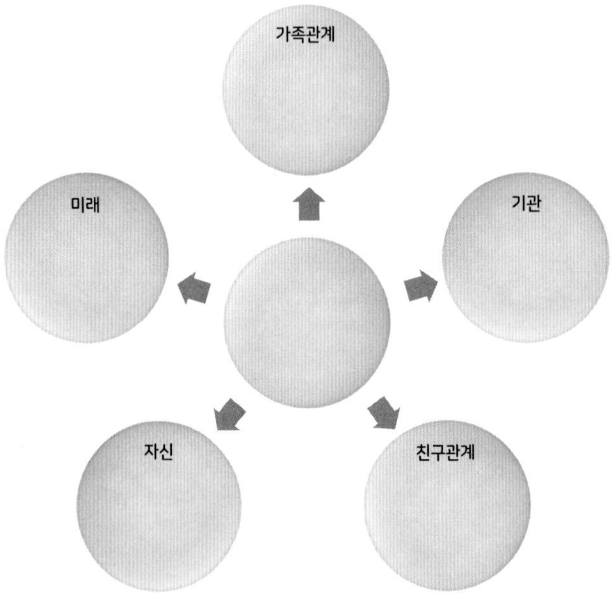

51	'스크래치'라는 놈은 주연씨의 가족관계에 어떤 영향을 끼치고 있나요? 그 용지에 써 놓으신 대로 말씀하시면 됩니다.	내가 결혼 전에도 집에서 별로 인정을 못 받았어요. 있는 듯 없는 듯 살았거든요. 이렇게 사는 걸 알면 가족들이 그래도 안타까워할 것 같아요. 다들 사는 게 바빠서 관심이 없긴 하지만 내가 고생한 건 알거든요.	이야기치료 문제 외재화 질문12
52	그렇군요. 가족들이 안타깝게 생각할 거란 말이죠.	네~ 그럴 것 같아요. 친정엄마는 더 가슴 아파 할 것 같고요. 자식 키우느라 고생이 많았거든요. 엄마가 너무 힘들게 살아오셔서...항상 나는 그렇게 살지 않길 바라셨어요.	명료화
53	'스크래치'라는 놈은 주연씨의 친구관계에 어떤 영향을 끼치고 있나요?	저는 만나는 친구가 별로 없어요. 고향 친구들이 알면 '주연이가 정신병에 걸렸다고 하더라', '착한 친구인데…' 라고 말하도록 할 것 같아요.	이야기치료 문제 외재화 질문13

54	'스크래치'라는 놈이 주연씨에게 붙었을 때 직장에는 어떤 영향을 끼쳤나요?	(자신없이) 시간이 갈수록 일을 잘해야 하는데 저만 일을 못해서 모두 함께 일하기를 꺼리는 사람이 되도록 할 것 같아요. 실제로 이상한 사람으로 취급되어 왕따도 당했어요.	이야기치료 문제 외재화 질문14
55	(책상에 붙어 있는 '스크래치'라고 쓴 포스트잇을 가리키며) '스크래치'라는 놈은 주연씨의 삶… 미래에는 어떤 영향을 미칠까요?	(한참 생각하다) 제 미래에도 '스크래치'는 계속 저를 괴롭힐 것 같아요. 나를 자책하게 만들어요. 이대로 남편과 계속 살지 못할지도 모르죠. 이혼당할 수도 있어요. 아들도 왠지 저를 떠날 것 같아요.	이야기치료 문제 외재화 질문15
56	아! '스크래치'라는 놈이 지속적으로 붙으면 가족들도 다 떠나게 될 것이라고 생각하는군요.	(한숨 쉬다가) 선생님! 어떻게 하면 이 '스크래치'가 저한테 오지 않게 할 수 있을까요?	명료화

독특한 결과(unique outcome, 반짝이는 사건)와 영향력 탐색하기

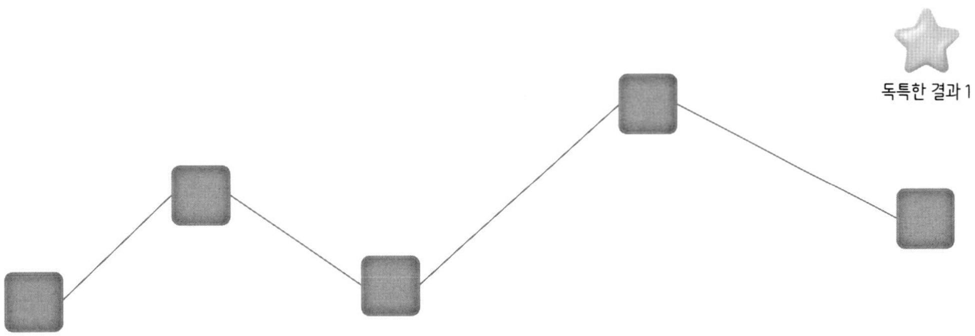

57	(호기심 어린 표정으로) '스크래치'라는 놈이 주연씨의 몸에 붙어서 온갖 나쁜 짓을 다 했잖아요. 그런데 혹시 이런 영향력을 가진 '스크래치'라는 놈이 다가와 주연씨 몸에 붙기 전에 그것을 멈추게 한 경험이 있었나요?	제가 베란다에서 뛰어 내릴려고 했었어요. 죽으라는 소리는 들리고, 주변 사람들이 자꾸 괴롭히지, 내가 살아야 할 이유가 없더라고요. 뛰어내리려고 하는 순간, 겁도 났지만 순간적으로 정신을 차려야겠다 싶더라고요. 그래서 심호흡을 했어요. 그랬더니 좀 낫더라고요.	이야기치료 독특한 결과 질문1

58	와! 뭘 생각했기에 '스크래치'라는 놈의 함정을 피했나요?	아들 때문이죠. 우리 엄마도 있고 남편… 내가 같이 생활해야 되는 사람들이 많잖아요. 그러니까 제가 버텨야 된다고 생각했어요. 악착같이요. 나는 엄마잖아요.	이야기치료 독특한 결과 질문2
59	아! 그렇다면 '스크래치'라는 놈의 함정을 피하는데 가족들을 소중하게 생각하는 주연씨의 생각이 도움이 되었군요.	(고민하며) 그 순간 가족들에게 못해 준 것이 막 생각이 나더라고요. 아들한테도 내가 해 준게 별로 없거든요. 그래서 그때 병원에 갔었어요.	반영
60	그런데, 어떻게 병원을 가야 한다고 생각을 할 수 있었을까요?	사실 너무 혼란스러웠어요. 나를 질책하는 소리와 내가 내가 아닌 것처럼 느껴지고, 그때는 아무도 내 이야기를 안 믿어주니까? 어디에 가서 이야기라도 해야겠다 싶더라고요. 그래서 인터넷 검색을 했더니 정신병원에 가서 검사를 해야 한다고 하더라고요. 남편은 직장 가고 같이 갈 사람도 없고 해서 혼자 정신병원에 가게 된 거죠.	개방적 질문
61	정신병원에 혼자 가기 쉽지 않았을 텐데… 대단하신 거 같아요.	(약간 자랑스러워하는 표정으로) 그 때 병원에서 주는 약을 먹었더니 그런 생각들이 줄어들었기 때문에 '내가 잘 판단했구나.'라는 생각이 들었어요.	칭찬
62	이야기치료에서는 '스크래치'라는 놈의 함정에 빠지지 않고 자신의 올바른 신념 대로 한 행동을 반짝이는 결과라고 합니다.	아! 그렇군요.	이야기치료 독특한 결과 정보 제공
63	'스크래치'가 내 몸에 붙어 나를 질책하는 소리가 들리게 만들고 내가 내가 아닌 것 같이 느껴지며 그런데도 아무도 내 이야기를 믿어주지 않는 절박한 순간에 인터넷 검색을 해서 혼자 병원에 가서 '스크래치'의 영향력을 감소시킨 그런 대단한 일에 멋진 이름을 붙이면 어떨까요?	아! 뭐라고 하면 좋을까요? (곰곰이 생각하며) 내가 내 마음을 알아차리는 행동이 아닐까요? '알아차림'이 좋겠어요.	이야기치료 독특한 결과 질문3

64	아! 좋아요. 멋진 이름 같아요. '알아차림'은 '스크래치'라는 놈이 다가와 주연씨 몸에 붙기 전이나 붙었을 때를 이를 알아차린다는 의미이군요.	네~ 맞아요.	반영
65	네~ 좋습니다. (시계를 보며) 그런데 오늘 상담시간이 다 되었네요. 오늘 주연씨의 문제에 대해 '스크래치'라는 이름을 붙였고, '스크래치'에 대항할 수 있는 '알아차림'을 발견하게 되었어요. 자신의 올바른 신념과 가치대로 행동하는 것을 반짝이는 사건이라고 합니다. 주연씨에게 그게 있었네요.	네~ 나에 대해 이야기를 나누다 보니 무엇인가 정리가 되는 것 같아서 좋았어요.	요약
66	그럼 오늘 여기까지 이야기 나누고, 다음 상담 때 '스크래치' 속에 빠지지 않는, 독특한 결과인 '알아차림'을 더 찾아오시면 어떨까요?	네~ 그렇게 할게요.	개방적 질문
67	그리고 자존감 검사, 우울 검사지도 가져가서 체크해 봄으로써 자신의 상태에 대해 알 수 있고, 나중에 상담이 얼마나 도움이 되었는지 평가하게 되는 검사입니다.	네~ 알겠어요.	정보 제공
68	(검사지를 주며) 그럼 다음 주에 뵐게요.	네. 선생님 수고하셨어요.	

2) 2회기

회기 및 주제	2회기: 다른 독특한 결과 영향력 탐구 및 스캐폴딩을 통한 대안적 이야기 구축
상담내용	• 다른 독특한 결과의 영향력 탐색하기 • 스캐폴딩을 통해 평소 나의 가치와 긍정적 정체성 찾기 • 과제: 외부 지지자원 탐색해 오기
장소/시간	구미정신건강복지센터 상담실/50분

다른 독특한 결과들과 영향력 탐색하기

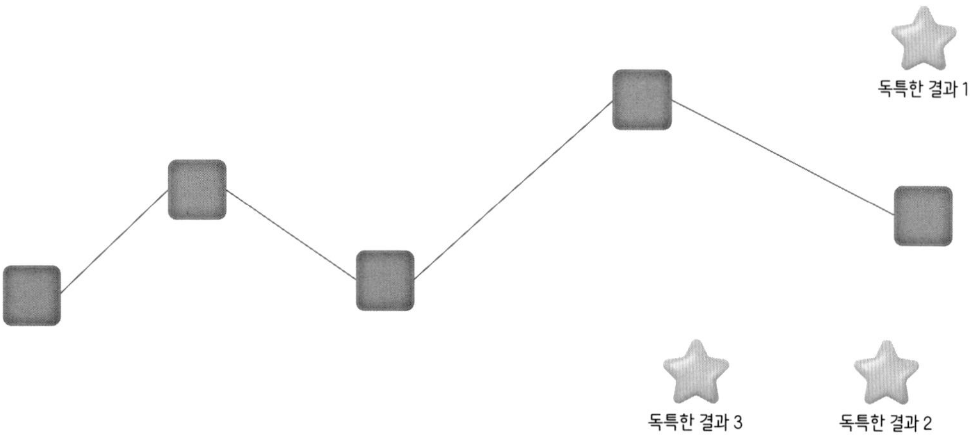

번호	사례관리자	대상자	사례관리자 치료적 의사소통기법
1	(반갑게 인사하며) 안녕하세요? 이주연 씨! 지난주는 어떻게 지내셨는지요?	(반갑게 웃으며) 네, 선생님 잘 지냈어요.	존중
2	(의자를 내어주며) 여기 앉으세요. 오늘 기분은 어때요?	네~ 그냥 편안한 마음으로 왔습니다. 지난주에 이야기치료를 선생님과 하면서 나 자신을 많이 알게 되어 좋았어요.	개방적 질문
3	자신을 많이 알게 되었다고 하셨는데 그에 대해 말씀해 주실 수 있을까요?	아! 그냥 내가 뭐가 뭔지 모르고 살았던 것이 희미하게나마 알게 된 것 같아요. 하나 하나 이야기를 하면서 뭔가 조금씩 나를 알아간다는 생각이 들었거든요.	개방적 질문

4	(변화에 놀라워하며) 1주 만에 '알아차림'이 많아졌다니 정말 대단하신데요?	그런가요? 오늘은 오자마자 선생님에게 칭찬을 듣네요. (검사지를 내밀며) 선생님께서 지난번에 숙제 낸 거 체크해 왔어요.	칭찬
5	아! 네. (용지를 받으며) 혹시 체크하시면서 궁금한 점은 무엇인가요?	그건 없었어요.	개방적 질문
6	(검사 도구 점수를 계산한 뒤) 현재 자존감 검사 점수는 20점, 불안 점수 22점, 우울 점수 20점으로 모두 좀 낮은 편인데요. 이는 앞으로 상담을 더 해 보고 비교해 보기로 하겠습니다. 지난주는 어떻게 지내셨는지요? 처음에 잠시 독특한 결과인 '알아차림'에 대한 이야기를 하셨는데, 이에 대해 좀 더 구체적으로 이야기해 주세요.	(잠시 생각하며 침묵) …	정보 제공/ 구체화
7	생각 중이시군요.	(한참 생각하다가 작은 목소리로) 지난주에 남편이 밖에서 스트레스를 받았는지 술을 많이 마시고 들어와 주정을 부렸어요. 저한테 술 더 가져오라고 하면서 물건을 던져 맞았어요.	반영
8	(심각한 표정으로) 그래서요?	저도 화가 나서 욕을 하고 싶었지만 하지는 못하겠고, 저 나름 반항한다고 목덜미 잡아 보고 물건도 던져 봤는데 남자한테는 안 되더라고요. 그래서 제가 집 밖으로 나왔어요.	경청 추임새
9	와~ 그런 힘든 상황에서 그래도 '스크래치'가 붙지 않도록 알아차려 그 상황이 더 나빠지지 않게 행동하셨군요.	(표정이 밝아지며) 그게 그렇게 되나요? 전 단순하게 생각했는데… 그런데 여자가 힘이 있나요. 안 되겠다 싶어서 집을 뛰쳐 나오게 된 거죠.	이야기치료 독특한 결과 질문4
10	그런 행동이 주연씨 자신에게 어떤 생각을 가지게 하였나요?	항상 쓸모없는 존재, 그림자로 살아온 것 같았는데 약간 내가 나를 새롭게 인정하는 기분, 뭐라 해야 하나? 좀 힘이 생긴 기분… 그런 거 같았어요.	이야기치료 독특한 결과 질문5

11	그런 행동이 주연씨에게 힘을 주었군요.	그런 것 같아요. 그전에는 마음으로만 생각하고 있었어요.	반영
12	그전에는 마음으로만 생각했던 것을 행동으로 옮겼는데… 그 상황에서 도움되었던 것이 무엇이었나요?	또 '스크래치'가 붙는구나라고 생각되어 이를 떼어 내기 위해 심호흡 몇 번하고 뒤돌아보지 않고 나갔죠.	개방적 질문
13	그날 '스크래치'가 붙어 경직되는 몸을 효과적인 대처방법인 심호흡으로 떼어 내고 주연씨와 남편 둘 다에게 피해가 되지 않는 저항 방법을 쓰셨군요.	심호흡 몇 번 하고… 행동하게 된 거죠.	요약
14	이런 반짝이는 결과가 있을 때 주변에 누가 있었나요? 그 사람은 뭐라 했나요?	남편만 있었죠. 더 이상 막 나가지 않는 저의 모습 처음 봤을 거예요. 뭐라고 했다기보다 놀라는 표정이었어요.	이야기치료 독특한 결과 질문6
15	그 후에는 어떻게 되었나요?	남편이 조금 조심하는 것 같은 느낌, 혼자만의 생각인지 몰라도 그렇게 느껴졌어요.	개방적 질문
16	(호기심 어린 표정으로) 혹시 이와 유사한 또 다른 반짝이는 독특한 결과가 있었나요?	(기억을 상기시키며) 아! 맞아요. 그런 일도 있었네요. 하루는 남편이 술에 너무 취해 들어오길래 겁이 났어요. 보통은 긴장이 되어서 얼어붙기 마련인데… 그날은 아들 방으로 도망을 쳤어요. 문을 잠그고 있는데… 마침 남편이 와서 저한테 욕을 하고 문을 두드리고 하더라구요. 무서웠어요.	개방적 질문
17	(심각한 표정으로) 그래서요?	그때 마침 아들이 들어온 거예요. 그런데 아들이 상황을 알아차리고 딱 남편을 제지하고 하지 말라고 이야기를 하니까 남편이 아무 이야기도 안 하고 술 깨러 나간다고 나가서 술을 깨고 들어오더라구요.	경청 추임새

18	와~ 주연씨가 아들을 잘 키우셨군요.	그런가요? 그전만 해도 아들도 고등학교 다니다 중퇴하고 잠시 가출해 세상에 내 편이 없다고 생각했었는데… 그때는 돌아온 아들이 내 편이구나라는 생각을 하게 되었어요.	반영
19	그런 결과는 주연씨에게 어떤 의미를 준 것 같아요?	그전까지 아들을 내가 걱정을 했는데… 오히려 아들이 나를 걱정해 주고 있었구나라는 생각이 들더라고요. 그리고 내가 그동안 아들을 너무 어리다고만 생각했구나 싶더라고요.	이야기치료 독특한 결과 질문7
20	이제부터는 아들이 힘이 되시겠군요.	이제는 알코올중독자 같은 남편만 좋아지면 될 거 같은데… 병원 같이 가 보자 하면 저를 더 정신병자로 몰아붙여 제가 할 수 있는 일이 뭘까 인터넷을 검색하고 있어요.	명료화
21	주연씨는 자신이 조현병이라는 어려움에 처해 있음에도 불구하고 가족을 잘 지키려는 의지가 대단하셔요.	(진지하게) 사실 제가 남편의 술주정을 어떻게 하면 좋을까? 아예 술 마시기 전에 함께 밖에 나가자고 할까? 술 마시고 오면 내가 더 이상 자극하지 않고 밖으로 잠시 나간다 등 온갖 상상을 다 하죠. 그런데 막상 일 터지면 나도 똑같이 대들고 그랬는데… 이번에는 대들지 않고 제가 밖으로 나갔잖아요.	칭찬
22	이번 행동을 통해 주연씨가 알아차린 것이 무엇일까요?	가만히 생각해 보니 내가 그런 행동을 하게 된 건 나를 이상한 사람 취급하는… 차별하는 억울함 때문에 오는 분노였는데… 이제까지 쭉 저도 같이 발악하며 대들다가 이상한 짓까지 하니 아들이 우리 둘 다 보기 싫어 가출했던 것 같아요. 이제 제가 참으니 오히려 아들이 내 편이 되어 주었던 거 같아요.	개방적 질문

비계 설정(scaffolding) 및 긍정적 정체성 확인

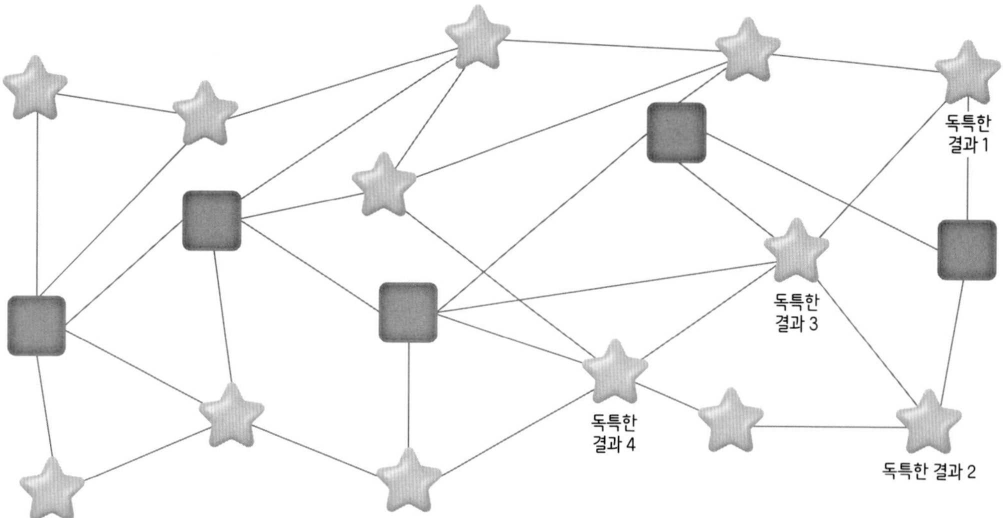

23	우와! 주연씨는 정말 대단한 것 같아요. 자신의 행동이 어떻게 나오게 된 것인지 통찰하고 계시네요.	(웃으면서) 그런가요?	칭찬/ 명료화
24	살아오면서 반짝이는 결과와 같은 일이 언제 또 있었나요?	(잠시 생각에 잠기다가) 아이가 태어나고 내가 산후우울증이 왔잖아요. 항상 그때를 생각하면 아들에게 늘 미안해요. 그래서 그런지 몰라도 어떤 일이 있어도 저는 아들 편을 들게 되더라고요.	이야기치료 비계 설정 질문1
25	아들 편을 들게 된 경험에 대해 구체적으로 예를 들어 말씀해 주시겠어요?	(생각하다가) 아들이 초등학교 6학년 때예요. 아들이 학교에서 맞아서 왔어요. 아들 친구가 장난치며 우리아들 물건을 가져가서 안 주고 놀리고… 우리 아들과 싸움을 하게 된 거예요. 아들은 안경이 부러져서 집에 왔더라고요.	구체화

26	(끄덕이며) 그래서요?	어떻게 된 거냐고 했더니 그 이야기를 하면서 아들이 억울해서 죽겠다는 표정으로 울더라고요. 자기는 아무 잘못도 없는데 선생님에게 꾸중 들었다고… 그리고 안경까지 부러져서 못 쓰게 된 거예요. 너무 속이 상하더라고요.	경청 추임새
27	맞아요. 저도 엄마여서 아이가 친구와 싸워 다쳐 오니 화가 나서 머리 뚜껑이 열리는 기분이었어요. 그래서 주연씨가 얼마나 속상할지 이해가 됩니다.	원래 제가 말을 잘 안 하는데… 그날은 너무 화가 나더라고요. 어디서 그런 용기가 난 것인지 모르겠어요. 학교에 찾아가서 선생님을 만났어요. 아들이 들려준 이야기를 선생님에게 했더니 선생님께서 아이들을 불러서 서로 화해를 하도록 해 주었어요. 싸운 그 친구 엄마도 저에게 전화가 왔더라고요. 안경 값 물어준다고 하더라고요.	자기노출 통한 공감
28	그런 용기 있는 행동의 기준은 어디서 배우셨나요?	(환한 표정으로) 제가 상황이 이러니 사람들을 만나 돌아다니는 일보다 집에서 방문을 닫고 지내는 시간이 많잖아요. 그때마다 인터넷 검색을 많이 하는데, 믿을 만한 다음카페에서 사람들의 조언을 얻었죠.	이야기치료 비계 설정 질문2
29	대단하시네요?	아무래도 아들이 너무 억울해하니까 엄마로서 당연히 해야 할 일이 아니었을까요?	칭찬
30	자! 지금까지 저와 상담해 본 결과, 주연씨는 어떤 가치로 살아온 것 같습니까?	불공평하게 대접받은 것에 대해 저는 참지 않는 것 같아요. 아들이 잘못도 없는데 꾸중을 듣고… 내가 아무런 잘못 없이 남편에게 괴롭힘을 당하고… 불공평한 게 아닐까요? 아니… 그것도 그렇지만 사랑하는 아들을 지키는 게 무엇보다 더 가치 있는 일이 아니었을까요?	이야기치료 긍정적 정체성 질문1
31	다시 한번 더 물을게요. 주연씨의 행동은 어떤 신념에서 나온 걸까요?	같은 질문이죠? 가족을 지키는 거~	이야기치료 긍정적 정체성 질문2

32	그것이 주연씨의 희망, 꿈이었을까요?	우리 엄마는 어려운 환경 속에서도 우리를 지키기 위해 노력하셨어요. 저도 항상 가족이 먼저였던 것 같아요. 결혼하면서 꼭 행복한 가정을 이루고 싶었어요. 저의 꿈과 희망이 맞아요.	개방적 질문
33	정말 대단하신 것 같아요. 가족에 대한 사랑이 느껴지는군요. 지금 이 용지를 드릴테니 주연씨의 진가를 알아준 사람이나 사물을 찾아 그것만 내 맘 속에 담는데요. 이를 나만의 클럽이라고 합니다. 이 클럽회원들은 내가 살아가는 데 힘을 주거든요.	(용지를 받아 들며) 네~	이야기치료 정보 제공

나의 진가를 알아준 사람이나 사물 찾아 마음에 담기(생태도를 통한 나의 클럽회원 재구성)(5~10분 소요)

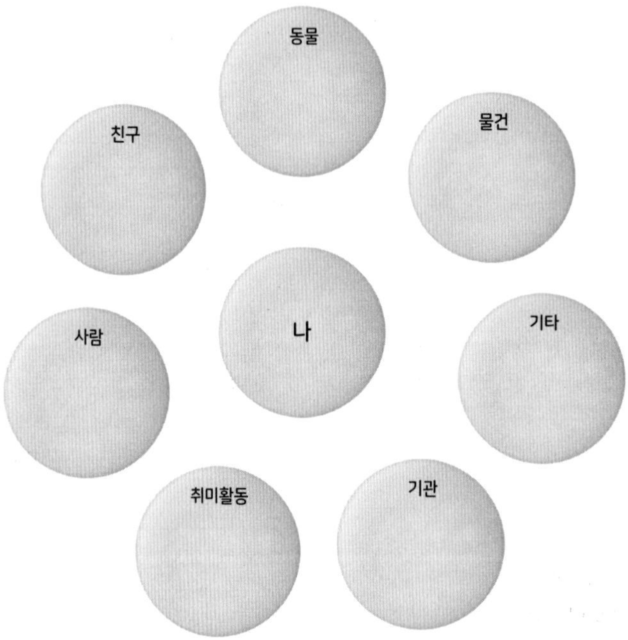

34	(쓰고 내용을 바라보며) 주연씨! 얼른 제가 보니 가족에서 어머니가 있군요.	(밝아지며) 네. 우리 엄마요.	이야기치료 나의 클럽회원 재구성 질문1
35	친정어머니가 주연씨를 지지하고 있다는 것을 어떻게 아셨나요?	우리 엄마는 나보다 더 힘든 인생을 말없이 살았지만 늘 제 주위에서 저와 관련 있는 사람들에게 극진하게 대접하는 모습을 볼 수 있었어요.	이야기치료 나의 클럽회원 재구성 질문2
36	주연씨 어머님께서 주연씨 주위 사람들에게 잘하는 이유가 주연씨에 대한 지지와 어떤 관련성이 있나요?	가끔씩 당신 딸인 내가 어머니의 팔자가 안 되도록 주위 울타리를 만들어 줄 거라고 하셨거든요. 실제로도 그렇게 하셨고…	이야기치료 나의 클럽회원 재구성 질문3
37	그럼 서로 마음을 주고받았던 경험에 대해 구체적으로 말씀해 주시겠어요?	음~ 제가 중학교 때였어요. 그때 우리집은 오빠가 교통사고로 죽고 아버지가 폐인이 되어서 엄마 혼자 농사지어서 먹고 살았거든요. 엄마가 그때 저에게 학교에 가지 말고 엄마 일을 좀 도와달라고 했어요. 학교에 가고 싶었지만 안 가고 엄마 일을 도와준 적이 있어요.	구체화
38	와! 어떻게 그렇게 할 수 있나요?	엄마의 마음을 읽었죠.	칭찬/ 개방적 질문
39	엄마는 주연씨에게 무엇이라 말씀하셨어요?	엄마는 내가 속이 깊다고 하셨죠. 생전 처음으로 고맙다고 하셨어요. 사람들에게 저를 칭찬도 하셨고요.	개방적 질문
40	(환해지는 표정으로) 저도 저의 어머니에게 속이 깊다는 말을 들어 본 적이 있는데, 그때는 좋더라구요. 그래서요?	우리 엄마가 저를 칭찬하는 거 처음 들어봤어요. 속으로 참고 사시는 모습이 내 눈에 훤히 비춰졌어요. 엄마와 살갑게 지내지는 않지만 서로 통하는 건 있는 것 같아요. 서로 비슷한 면이 있어요.	자기노출 통한 공감/ 경청 추임새

41	서로 비슷한 점은 무슨 의미인지요?	힘든 일도 잘 견디며, 묵묵히 사는 게 닮았어요.	개방적 질문
42	어머니께서 여기 계시다면, 주연씨의 어떤 부분을 좋아하셨을까요?	속이 깊고 마음이 따뜻해서 좋다고 했을 것 같아요.	이야기치료 나의 클럽회원 재구성 질문4
43	왜 그렇게 생각하셨죠?	왜냐하면요. 우리엄마는 무뚝뚝하고 강한 사람이지만 제가 말은 안 해도 배려할 줄 하는 사람이라 생각했을 거예요. 그래서 서로 말은 잘 안해도 편안하게 같이 있을 수 있는 거죠.	개방적 질문
44	어머니께서 주연씨에게 그렇게 말할 때는 주연씨도 어머니께 도움을 주었을 것 같은데요?	아! 한 번도 생각하지 못했는데… 지금은 이렇게 정신병에 걸려 고생하고 있지만, 어릴 때부터 순해서 아버지로 힘든 엄마에게 든든한 지원군이 된 점이 있네요.	이야기치료 나의 클럽회원 재구성 질문5
45	주연씨의 말을 요약해 보면 참고 사시는 어머니를 잘 이해하고 계셨고, 어머니께서도 주연씨가 배려를 잘해 주는 딸이라고 생각한다는 말씀이군요.	네. 그래요.	요약
46	만약 어머니가 '알아차림'으로 힘든 상황을 빠져나온 주연씨를 보면 뭐라고 하실 것 같아요?	(미소 지으며) "네가 나처럼 살지 않아서 다행이다." 이렇게 말할 것 같아요.	이야기치료 독특한 결과 질문10
47	이런 여러 가지 사실들로 볼 때 주연씨의 삶에 대한 정체성은 무엇일까요?	음~ 내가 소심해서 표현을 잘 못해서… 음~ (한참 생각하다가) '힘들었지만 가족을 배려하고, 불의에 맞서는 용기'가 있었던 것 같아요.	이야기치료 긍정적 정체성 질문3

48	우와! 정말 대단합니다. 지금까지 이야기가 한 문장으로 설명이 되네요.	네~ 제가 생각이 많아서 소심하긴 하지만, 나에게도 용기가 있었다는 것이 느껴져요.	칭찬
49	맞아요. 주연씨는 배려심도 있고 불의에 맞서는 힘이 있는 것 같아요.	네~ 칭찬을 들으니 기분이 좋네요.	칭찬
50	(시계를 보며) 벌써 시간이 50분이 다 되었어요. 주연씨! 오늘 상담은 여기까지 할게요. 주연씨의 이야기를 듣고 주연씨는 자기 인생의 전문가 같아요. 너무 이해도 잘하시고 자신을 잘 아는 것 같아요. 지금 작성하신 용지는 가지고 가셨다가 좀 더 기록하셔서 다음 주 3회기 상담 때 가져오시면 됩니다. 그때 말씀 나누도록 할게요. 수고하셨습니다.	(용지를 가방에 넣고 일어서며) 선생님 오늘 잊고 있었던 나에 대한 기억을 많이 살려주셨어요. 저에게 많은 용기가 생긴 것 같아요. 그럼 다음 주에 뵐게요.	정보 제공

3) 3회기

회기 및 주제	3회기: 회원 재구성과 새로운 이야기 쓰기
상담내용	• 생태도를 통한 나의 지지대상 탐색 및 나의 기여도 탐색 • 나의 미래 방향 다짐하기
장소/시간	구미정신건강복지센터 상담실/50분

번호	사례관리자	대상자	사례관리자 치료적 의사소통기법
1	(환한 표정으로) 어서 오세요! 지난주에는 좀 어떠셨나요?	(밝은 표정으로) 네, 잘 지냈습니다. 지난주에는 남편이 술을 좀 덜 마시는 것 같았어요. 아들도 이제 집으로 들어와 검정고시 본다며 학원비를 달라고 하더라고요. 얼마나 반갑든지? 이제 철이 드나 싶었어요.	존중/ 개방적 질문
2	아들이 검정고시를 본다고 했군요. 어떻게 그런 좋은 일이 생겼는지요?	요즈음 제가 약도 잘 먹고, 남편과 덜 싸우니까 집이 편안해져서 그런 것 같아요. (접은 용지를 상담 책상 위에 올려 놓으며) 참, 선생님이 지난주에 주신 이 용지가 도움이 되었어요.	개방적 질문
3	(용지를 받아 펼치며) 아하! 지난주에 나의 진가를 인정해 주고 알아준 사람이 아들, 학교 선생님, 친정엄마라고 저와 이야기를 나누셨는데, 다 넣으셨군요.	저… 선생님! 그런데 생각만 하고 작성은 못한 게 있는데요?	반영
4	(대상자에 집중하며) 어떤 이야기요?	네. (골똘히 생각하며)	개방적 질문
5	(침묵)	음~ 제가 중학교 때 국어 시간을 무척 좋아했어요. 수업시간에 시에 대한 느낌에 대해 선생님이 질문을 하면 손을 들어 발표한 적이 있었어요. 선생님을 좋아해서 그랬던 것 같기도 하고… 그 때 선생님이 저를 많이 칭찬해 주었어요.	침묵

6	주연씨가 국어 시간을 좋아했군요.	지금도 어렴풋이 생각나는데 가족에 대한 시였어요. 시에 대한 느낌이 따뜻했고, 그리움이 묻어나는 것 같았어요. 선생님께서는 시에 대한 느낌을 잘 표현했다고 말씀하시면서 나에 대해 따뜻한 마음을 가진 학생이라고 칭찬해 주었죠. 처음 듣는 얘기였어요. 그때 친구들이 워~~~ 하면서 치켜세워 주었는데 내심 기분이 좋고 어깨가 으쓱해졌던 것 같아요. 누군가로부터 칭찬받고 잘한다는 소리는 처음이었던 것 같아요. 제가 공부를 잘해서 상을 받아와도 누구 하나 관심이 없었거든요. 그때 내 자신이 자랑스럽고 사는 재미가 있었던 것 같네요.	반영
7	와! 국어 선생님이 주연씨의 진가를 알아주고 인정해 준 분이시군요.	음~ 맞아요. 그때 선생님 앞에서는 무엇이던 자신감이 있었어요.	이야기치료 나의 클럽회원 재구성 질문6
8	그 당시 일을 누가 또 기억할까요?	아마 중학교 때 동네 친구인 영희는 잘 알고 있을 것 같아요. 그런데 그 친구와 연락이 끊어진지 오래되었어요. 멀리 캐나다로 이민 갔어요	이야기치료 나의 클럽회원 재구성 질문7
9	그 선생님은 주연씨가 찾아낸 긍정적 정체성에 대하여 뭐라고 이야기하실까요?	(잠시 생각하다가) 주연이 넌 원래 따뜻하고 사랑이 넘치는 사람이라고 했을 것 같아요. 우리 가족보다 더 저를 잘 알았던 분이었어요.	이야기치료 나의 클럽회원 재구성 질문8
10	그분은 주연씨와 함께 했던 그 시간을 어떤 의미로 받아들였을까요?	선생님이 저의 이야기를 들어 주면서 제가 감사해하는 모습을 보며, 물론 다른 학생들에게도 인기가 좋으셨지만 좋은 교사로서 자신의 가치를 더 높이셨을 것 같아요.	이야기치료 나의 클럽회원 재구성 질문9

11	그 일은 주연씨에게 어떤 의미를 주었나요?	그 당시 오빠 죽고 내가 너무 힘들었어요. 그래서 살고 싶지 않았는데 그때 나에게 힘이 되었던 것 같아요. 최초로 나를 인정해 준 분이었고, 그것으로 나는 무엇이든 자신감이 있었던 것 같아요.	이야기치료 나의 클럽회원 재구성 질문10
12	(용지를 내밀며) 자! 그럼 이제 한번 정리해 볼게요. 이 용지에 쓰여진 문장은 주연씨의 이미 가지고 있었지만 조명되지 않았던 긍정적 정체성을 담은 대안 이야기를 명료화시키기 위한 작업입니다. 괄호 안에 주연씨가 이야기 내용을 중심으로 채워 넣어 보며 어떨까요?	(용지를 받아 가만히 들여다보며) 어려운데요. 시험지 같아요.	이야기치료 정보 제공 개방적 질문
대안적 이야기 구축(15분 소요)			
나 (　　　　)는 (그놈 = 　　　　)에 대항하는 (　　　　　　)라는 강인한 힘을 이미 가지고 있었습니다.			
13	(용지를 함께 들여다보며) 혹시 어떤 부분이 어려우신지요?	(내용을 가르키며) 이 두 번째 괄호 안에는 뭘 넣으면 되는지요?	개방적 질문
14	아! 이곳은 첫 번째 시간에 우리가 이름을 붙였던 문제를 넣으면 됩니다.	아~ '스크래치'라는 놈이군요. 그럼 세 번째 괄호는요?	정보 제공
15	이건 두 번째 상담에서 찾아내었던 주연씨의 긍정적인 정체성인데~	아! 맞아요. '스크래치'가 괴롭혀도 '힘들었지만 가족을 배려하고, 불의에 맞서는 용기'… 맞나요?	정보 제공
16	(감탄하며) 아! 맞아요. 여기까지 도달한 건 주연씨가 자신에 대한 전문가로서 알고 있는 걸 차분히 말씀해 주신 덕분이에요.	주변 사람들이 저에게 많은 힘을 주었잖아요… 그 덕분이죠.	경청 추임새/ 칭찬
17	대단하십니다.	(용지를 채우며) 이렇게 써 보니 내가 나를 몰랐던 부분까지 알게 되는 것 같아요.	칭찬

나 (이주연)은 (그놈 = 스크래치)에 대항하는 (힘들었지만 가족을 배려하고 여성이지만 불의에 맞서는 용기)라는 강인한 힘을 이미 가지고 있었습니다.			
18	맞아요. 저도 이 내용에 동의합니다.	(뭔가 생각난 듯) 지난주부터 마음이 좀 편안해진 것 같아요. 꼴보기 싫었던 남편도 이제 좀 편안히 볼 수 있는 것 같기도 하고요.	공감
19	아! 그래요? 그것에 대해 자세하게 말씀해 주세요.	음~ 뭐라 해야 하나~ 남편이 술 마시고 행패부리는 것이 정말 싫었거든요. 그래서 아들도 집을 나가고 한동안 정말 힘들었는데… 최근에 내가 기분이 좋아서 그런지 그냥 무시하게 되고, 남편의 태도에 크게 반응을 안 하게 되더라고요.	구체화
20	(존경스러운 표정으로) 주연씨의 생각이 어떻게 그렇게 바뀔 수 있지요?	나는 모든 것이 남편의 탓이라고만 생각했어요. 그런데 생각해 보면 내 생각이 잘못된 것도 많았던 것 같아요. 약 안 먹고, 예민하게 반응을 하니까? 남편이 더 심하게 나에게 했던 것 같아요.	개방적 질문
21	와! 통찰력이 대단하신데요?	아들이 약 먹으라고 나에게 말했을 때 정말 싫었거든요. 난 아픈데도 없는데… 환자 취급하는 것 같아서… 남편도 매일 술 마시고 나에게 했던 말이 병 이야기라 정말 가슴이 답답했던 거죠.	강점 칭찬
22	주연씨 입장에서 그랬을 것 같아요.	그런데 아들도 남편도 나를 걱정하는 면이 더 많았던 것 같아요. 우리 남편이 술 마시면 나에게 못된 짓을 했지만 술 안 마시면 내가 하자는 대로 하는 사람이거든요. 왜 그렇게 술 마시고 그랬는지 조금은 이해가 되더라고요. 내가 변해서 그런지 요즈음 많이 좋아진 것 같아요.	공감

23	주연씨의 이런 태도 변화는 어떻게 일어나게 되었는지요?	(생각하며) 음~ 선생님과 이야기를 나누면서 내가 잊고 살았던 내 모습을 보게 된 것 같아요. 병이 나기 전에 내 모습은 무던하고 남을 배려하는 사람 같았어요. 사실 병이 나고 성격이 많이 변했어요. 불안하고, 의심이 많아지고, 예민해지고… 이야기치료가 도움이 되었던 것 같아요.	개방적 질문
24	저와 상담하는 시간은 아주 짧은 시간이잖아요. 자신을 '알아차림'할 수 있는 이야기치료 책이나 상담사례 책들을 읽어 보면 자신을 이해하는 데 도움이 될 것 같아요.	네~ 그렇게 해 볼게요. 선생님과 상담하면서 나 자신을 많이 보게 된 것 같아요. 감사드립니다.	정보 제공
25	네~ 저도 감사드립니다. 그런데 이야기치료에서는 마지막 단계에서 앞으로 어떻게 사실지 말해 보는 단계인 새로운 이야기 쓰기 단계가 있습니다. 여기까지 상담을 진행해 보면 어떨까요?	(호응하며) 네~ 한번 해 보죠.	이야기치료 새로운 이야기 쓰기 질문1
26	원래는 주연씨의 대안적 이야기를 인정해 주는 분을 초대하여 그분이 계신 자리에서 새로운 이야기를 써 보고 공표하는 것인데요. 간단하게 저와 함께 둘이서만 해 보시면 어떤지요?	네! 그렇게 할게요.	이야기치료 새로운 이야기 쓰기 질문2
27	그럼 주연씨의 새로운 이야기는 무엇일까요?	앞으로 내 건강관리를 잘 하며 살아야겠다고 생각해 봤어요.	이야기치료 새로운 이야기 쓰기 질문3

28	건강관리를 잘한다는 것은 어떤 의미지요?	상담하면서 쭉 생각했는데, 내가 힘들 때는 내 상태가 좋지 않았던 때 같았어요. 내 마음이 편안하면 별일이 아닌데도… 내가 예민해지면 아무것도 아닌 일도 괴롭지요. 그래서 약 잘 먹고 가족에게 내가 배려하는 사람이 되려고요.	개방적 질문
29	그렇군요. 다른 계획은 무엇이 있을까요?	남편과 서로 대화를 해야겠다는 생각을 했어요.	이야기치료 새로운 이야기 쓰기 질문4
30	남편과 진정한 소통을 하고 싶다는 생각을 어떻게 하게 되었죠?	네~ 그냥~ 그동안 내가 말하지 않고 속으로만 생각해서 문제를 만들었나 싶어서… 그리고 아들도 이제 이해하려고요. 상담을 통해서 아들의 따뜻한 마음을 본 것 같아서 좋아요. 내가 그동안 내 인생을 너무 부정적으로만 생각했던 것 같아요.	개방적 질문
31	인생은 '나무'와도 같은 것 같아요. 단독적으로 존재하는 것이 아니라 다양한 관계 속에서 서로 주고받는 것 같아요. 주연씨는 어떻게 생각하세요?	맞아요! 선생님과 상담해 보니 여러 사람들이 나에게 힘을 주었다는 것을 알았어요. 나도 앞으로 누군가에게 힘이 되는 사람이 되고 싶어요.	정보 제공/ 개방적 질문
32	어떤 사람을 말하는 건가요?	내가 약을 먹으면서 환자가 된 기분이라… 정말 쓸모없는 사람이라는 생각을 많이 했거든요. 그런데 이야기를 나누면서 저는 옛날이나 지금이나 나는 나라는 생각을 했어요. 남들이 뭐라 해도 나는 나지요. 앞으로도 나로서 살아가려고요.	개방적 질문

33	정말 대단하세요!	선생님, 짧지만 3회기 상담을 통해 또 한 번 새로운 인생에 도전해 보려고요.	칭찬
34	(환한 표정으로 내담자의 얼굴을 쳐다보며) 와! 새로운 이야기를 통해 앞으로의 삶의 방향이 정해지네요.	(웃으며) 속으로만 생각할 게 아니라 상대의 이야기를 들어 보고, 내가 안 좋은 생각을 하면 알아차리도록 노력해야지요.	명료화
35	주연씨! 주연씨가 원하는 삶을 살아가길 기대합니다. 하지만 언제든지 힘드시면 연락주시면 됩니다. 저희 구미정신건강복지센터에서 내세우는 슬로건이 '1577-0199 여기에 당신 편이 있습니다.'입니다. 우리는 항상 주연씨 편이거든요.	네~ 감사드립니다. 이제 구미정신건강복지센터 1577-0199에 내 편이 있음을 항상 기억하겠습니다.	정보 제공

사례❷ 우울장애

1 내담자 인적사항 및 가족사항

1) 내담자 인적사항

- 이름: 장지희
- 성별: 여자
- 나이: 42세
- 결혼상태: 이혼
- 학력: 전문대졸
- 직업: 무직, 수급자
- 진단명: 주요우울장애

2) 가계도

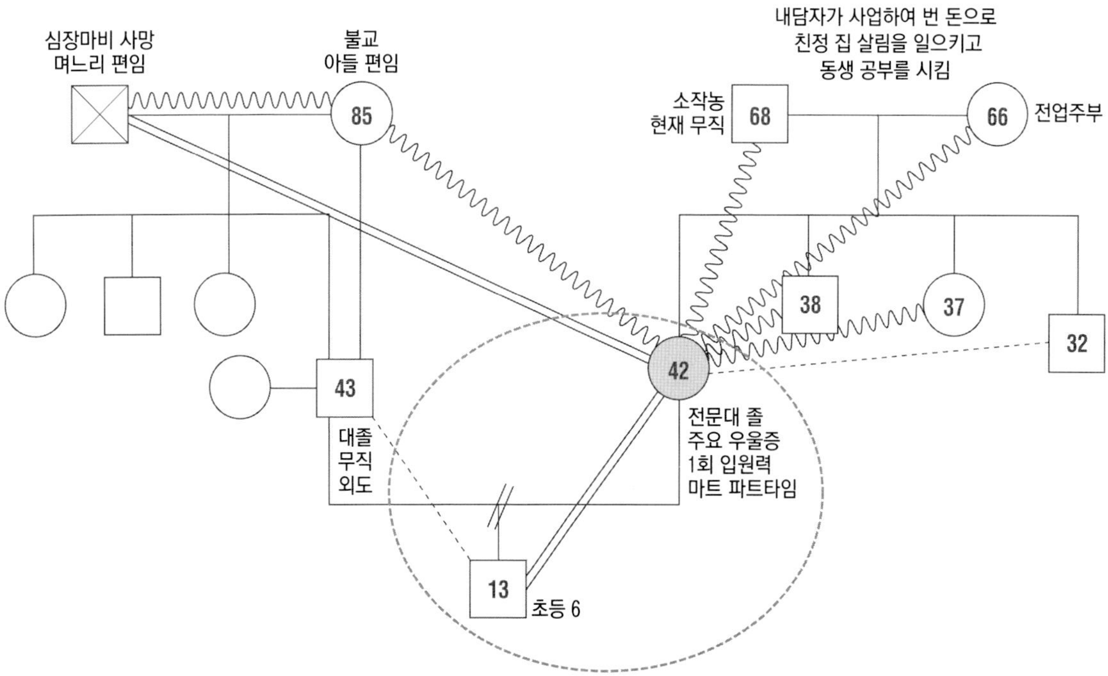

2 내담 경위

우울증을 진단받은 42세 여성으로, 이혼 후 초등학교 5학년 아들과 살고 있음. 마트 아르바이트로 생계를 유지하고 있으며, 현재 기초생활수급자임. 대학을 가고 싶었으나 가정 형편상 고등학교 졸업 후 회사에 다니다가 미국으로 working holiday를 갔으나 agency에 속아 homeless로 지내던 중 한국 교포들은 만나 4년 정도 일하여 돈을 번 뒤 한국으로 돌아옴. 그 돈으로 전문대학을 나왔으며 사업을 하던 중 결혼했고, 남편은 백수였지만 자신의 사업은 번창하였다 함. 아들을 출산한 후 정신없이 사업과 아이 뒷바라지를 하며 살던 중 남편이 바람을 피우는 걸 알게 되고, 사업도 사기를 당해 부도를 맞게 되면서 약 6년 전 남편과도 이혼을 하게 됨. 남편도 백수여서 양육비도 받지 못하며 빚쟁이들에 쫓기면서 친정과도 담을 쌓게 되었음. 아르바이트를 하면서 빚을 근근이 갚고 있었으나 3년 전 빚쟁이들에게 빨리 갚지 않는다며 언어적 폭력과 협박을 당한 후, 두문불출하고 아이 밥도 해주지 않고 무욕적이어서 우울증으로 진단받고 병원에 1개월 간 입원한 적이 있으며, 약은 복용하다 말다 함. 현재 수급자로 아르바이트를 간간이 하고 있으나 일이 잘 주어지지 않고, 최근 사춘기가 된 초등학교 6학년 아들과의 게임 및 공부 갈등으로 아이에 대한 폭력적 수위가 높아져 절망감을 느끼며 아이와 동반자살 사고를 가지고 있음. 하지만 그간 자살시도를 한 적은 없음.

3 주호소

무력감, 분노, 우울, 대인관계 결여, 자살사고

4 심리검사 결과

1) 자존감 검사: Rosenberg 자아존중감 척도(RSES) 10점으로 자존감이 낮은 편임

2) 우울 척도 검사: 우울 척도(PHQ-9) 22점으로 심한 우울에 속함

3) 대인관계: 대인관계변화 척도(RCS) 점수가 높을수록 대인관계가 원만하다고 평가하는데, 대상자는 25점으로 최하위 점수임

4) 자살생각척도: 레이놀즈 자살생각척도(SIQ-Reynolds) 10점으로, 아들이 말을 안 듣고 자신도 폭력적이 되는 모습을 볼 때 죽고 싶은 생각이 든다고 함

5 상담목표/전략

1) 상담목표

- 내담자가 자기 자신에 대한 전문가임을 알게 하여 자존감 향상
- 내담자의 성격 이면에 부정적으로 지배하고 있는 이야기를 해체시키고 문제 이야기를 분리시켜 부정성, 우울감과 자살사고 감소
- 내담자 이면에 존재하고 있었지만 잊고 있었던 대안적 이야기 구축으로 긍정적 정체성 확립으로 대인관계 능력 향상

2) 상담전략과 접근 방식

- 이야기치료식 접근 not-knowing posture를 취함으로써 내담자가 자기 자신에 대한 전문가임을 알게 하여 자존감을 높인다.
- 이야기치료를 활용하여 자신의 감정을 잘 지각하고 표현하도록 돕는다.
- 이야기치료를 활용하여 내담자의 이야기 속에서 강점 · 자원을 찾아 알려준다.
- 이야기치료를 활용하여 타인과의 긍정적인 성격 차이를 인식하도록 하여 대인관계 능력을 높인다.

3) 회기별 계획

회기	주제	상담내용	시간(분)
1	오리엔테이션 지배적 이야기 중 문제 외재화 및 문제 결과와 영향력 탐구 및 독특한 결과 찾기	• 상담자 소개 및 내담자 자기 소개 • 상담이론 관련 소개 • 지배적 이야기 듣기(인생 곡선 활용 가능) • 현재 당면한 가장 힘든 문제 이야기 찾아 이름 붙이기 (문제 외재화) • 문제의 결과와 영향력 탐색하기 • 독특한 결과(반짝이는 사건) 찾기 및 영향력 탐색하기 • 과제: 독특한 결과 추가로 찾아오기, 자존감, 우울, 자살생각 설문지 체크해 오기	90
2	다른 독특한 결과들 영향력 탐구 및 스캐폴딩을 통한 대안적 이야기 구축	• 심리검사 결과 이해 • 다른 독특한 결과들과 영향력 탐색하기 • 스캐폴딩을 통해 평소 나의 가치와 긍정적 정체성 찾기 • 과제: 외부 지지자원 탐색해 오기	50
3	회원 재구성과 새로운 이야기 쓰기	• 생태도를 통한 나의 지지대상 탐색 및 나의 기여도 탐색 • 나의 미래 방향 다짐하기	50

[사례② 우울장애]

6 회기별 상담 시나리오

1) 1회기

회기 및 주제	1회기: 오리엔테이션 지배적 이야기 중 문제 외재화 및 문제 결과와 영향력 탐구 및 독특한 결과 찾기
상담내용	• 상담자 소개 및 내담자 자기 소개 • 상담이론 관련 소개 • 지배적 이야기 듣기(인생 곡선 활용 가능) • 현재 당면한 가장 힘든 문제 이야기 찾아 이름 붙이기(문제 외재화) • 문제의 결과와 영향력 탐색하기 • 독특한 결과(반짝이는 사건) 찾기 • 과제: 독특한 결과 추가로 찾아오기, 자존감, 우울, 자살생각 설문지 체크해 오기
장소/시간	구미정신건강복지센터 상담실/50~90분

번호	사례관리자	대상자	사례관리자 치료적 의사소통기법
1	안녕하세요. 저는 정신건강전문요원 김희숙입니다. 구미정신건강복지센터를 찾아주셔서 감사합니다. 성함이 어떻게 되시나요?	(어두운 표정으로 머뭇거리며) 저… 장지희입니다.	존중
2	(부드러운 목소리로) 네~ 장지희님! 여기 앉으세요.	(느린 속도로 표정 없이 앉으며)…	존중
3	오늘 기분은 어떠신지요?	(고개를 숙인 채로) 늘 그렇죠. 뭐	개방적 질문
4	늘 그렇다고 하셨는데… 거기에 대해 조금 더 구체적으로 이야기해 주세요.	(여전히 작은 소리로) 자꾸 동사무소 선생님이 센터에 가서 상담받으라고 해서 왔긴 왔는데…	구체화
5	특별히 할 말은 없는데… 행정복지센터 사례관리자 선생님이 센터 가서 상담해 보라고 권유해서 오셨다는 말씀이군요.	(말없이 고개만 끄덕임)…	명료화

6	그 선생님께서도 말씀드렸겠지만 구미정신건강복지센터는 구미 시민들의 정신건강 향상을 위해 국가와 시가 만들어서 전문가 상담 등 정신건강관련 서비스를 무료로 제공하고 있습니다.	(말없이 듣기만 함)…	정보 제공
7	행정복지센터 사례관리자 선생님들은 장지희씨의 주거나 경제적 상황의 어려움을 파악하여 도움을 제공하고자 한다면 마음의 고통과 같은 어려움에 대한 지원은 저희 센터에서 도와드리므로 좋은 뜻에서 소개하신 거 같아요. 참, 그 선생님이 센터에도 잘 부탁한다고 하면서 전화 주셨어요.	(고개를 조금 들면서 목소리가 조금 커졌으나 짧게 말을 끊으며) 네.	정보 제공
8	오늘 혹시 저한테 하시고 싶은 말씀은요?	자꾸 가라고 해서 와서… 할 말은 없어요.	개방적 질문
9	(대상자의 의뢰서를 들여다보며) 사전에 장지희씨의 승낙을 받고 동사무소에서 보낸 의뢰서에서 보니 정신과에서 치료 중이신 것으로 쓰여 있는데요, 어떤 치료를 받고 계신가요?	(무표정하게) 3년 전에 1번 입원했었어요.	개방적 질문
10	혹시 알고 계신 진단명은요?	우울증요.	개방적 질문
11	아! 그러시군요.	제가 빚이 많았는데… 하지만 힘닿는 대로 갚았거든요. 그동안 빚쟁이들에게 입에 담지도 못할 욕과 협박을 듣고 우울증에 걸렸어요.	경청 추임새
12	그런 일을 당하셨으니 얼마나 힘드셨을지 이해가 됩니다.	(눈물이 비치며) 제 인생은 의미가 없어요.	공감
13	장지희씨 인생이 의미가 없다는 말은 무슨 뜻인지 자세히 말씀해 주시겠어요?	(다시 고개를 숙이며 작은 소리로) 말해봤자 뭐가 달라지나요?	구체화

14	일반적으로 우울증인 경우 센터에 나오시는 게 쉽지 않은데요. 오늘 이렇게 나오신 건 대단하신 겁니다. 이왕 이렇게 나와서 저와 마주 앉으셨으니 한 40분간 저의 제안에 따라 주시면 어떨까요?	(한참 생각하다가) 그게 뭔데요?	칭찬/ 정보 제공
15	오늘 장지희씨와 함께 할 상담기법은 오신 분들의 강점 위주로 상담하는 최신 기법으로 이야기치료를 하고자 합니다.	저는 지지리 복이 없는 팔자라서 장점이 없는데…	정보 제공
16	장지희씨가 좀 전에 말한 인생의 의미가 없다는 말이 장지희씨는 복 없는 팔자라는 말과 일맥상통하는 말이군요.	앞으로도 희망이 없어요.	요약
17	미래도 좋아지지 않을 것 같다는 말씀이군요.	(말 없이 고개 숙이며)…	반영
18	(손을 잡으며) 저는 잘 모르지만 정말 그간 힘든 삶을 살아오셨군요. (인생 곡선 용지를 보여 주며) 혹시 그간 어떤 삶을 살아오셨는지 힘드시겠지만 제가 지금 드리는 인생 곡선을 한 번 같이 그려 보면 어떨까요?	(마지못해 하는 표정이나 용지에 눈을 맞추며) 제 인생 별로 돌아보고 싶지 않은데…	명료화/ 개방적 질문
19	먼저 가로로 10년 간격으로 나이를 표시하시고 태어나서 지금까지 지희씨의 삶에 영향을 준 기쁘고 좋았던 일들은 위에, 나를 힘들게 한 일들은 아래에 표시하시는데요. 이때 사건마다 행복이나 만족, 불행이나 불만족 정도를 가로로 점을 찍고 여기에 약간의 설명들을 곁들여 적으시고 이 점들 연결시키면 됩니다.	(설명만 듣고 있음)…	정보 제공
20	혹시 더 설명이 필요한 점이 있다면 무엇일까요?	지난 일은 기억이 잘 안 나요.	개방적 질문

21	하나도 기억이 안 난다구요?	사실 제 인생은 뒤웅박 팔자라서 생각해 봤자…	재진술
22	과거에 힘든 일이 너무 많아서 다시 떠올리고 싶지 않으시군요.	(다시 어두운 표정으로 고개를 숙이며)…	명료화
23	그간 어떤 일이 있었는지 저는 잘 모릅니다만 그런 힘든 어려움을 겪고도 아직 신체 질병도 없고… 경제적으로 힘들고 마음도 고통스러워도 오늘 이 상담실을 스스로 찾아와 앉아 있는 장지희씨는 정말 대단한데요.	(반신반의하며) 제가 뭘 대단하다고…	강점 칭찬
24	대체 그 역경을 어떤 대처 방법을 써서 견디고 계신지요?	(약간 놀라며) 대처 방법이 없어서 이런 건데…	개방적 질문
25	지희씨는 자신이 적절하게 대처한 적이 전혀 없다고 생각하시는군요. 그럼 장지희씨가 그간 어떤 일들이 있었는지 저와 함께 인생 곡선을 통해 탐색해 보시면 어떨까요? (인생 곡선 용지를 주며) 시간을 20분 정도 드리겠습니다.	(마지못해 인생 곡선 용지를 받아 들고 펜을 든다)	반영/개방적 질문

인생 곡선 그리기(20분 소요)

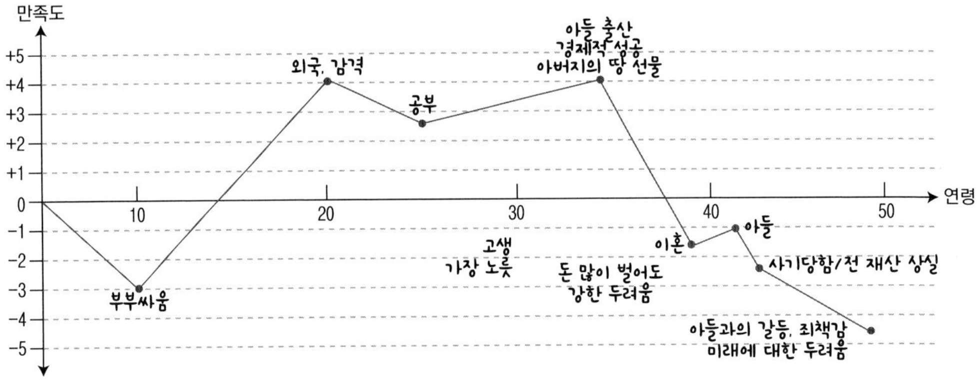

26	(그려진 인생 곡선 용지를 받으며) 인생 곡선을 그리면서 어떠셨어요?	(무표정으로) 음… 일이 많았는데 다 쓰지는 못했어요.	개방적 질문
27	(자세히 들여다보며) 이것만 해도 얼마나 힘드셨을지 좀 이해할 거 같아요.	(고개를 들며 호의적인 표정으로) 그래요?	공감

지배적 이야기(dominant story)

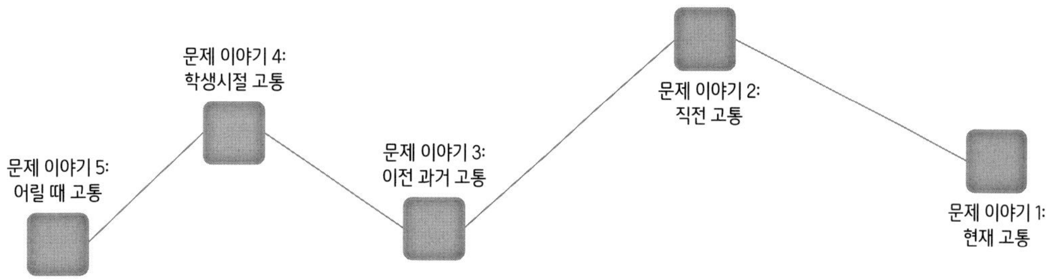

28	자! 그럼 본격적으로 이야기치료 원리를 적용하여 상담을 시작할게요. 저는 상담 전문가라서 상담진행은 잘하지만 장지희씨 인생이야기의 전문가는 장지희씨이기 때문에 자신의 인생에 대해 전문가로서 말씀해 주시기 바랍니다. 지금부터는 전문가끼리 대화를 해 보도록 하겠습니다.	(놀라며) 제가 전문가라구요?	이야기치료 정보 제공/ 존중
29	이 상담기법에서는 사람들은 24시간 자신과 함께 존재하고 자신을 늘 들여다보며 생각하기 때문에 나 밖의 어떤 사람이나 대상보다 자신을 잘 알고 있기 때문에 자신에 대한 전문가라고 합니다. 그래서 편안하게 생각나는 대로 지희씨 이야기를 해 주시면 됩니다.	(조금 긴장이 풀린 표정이지만 듣고만 있음)…	이야기치료 철학과 가치에 대한 정보 제공

30	(상담 책상에 놓인 인생 곡선을 보며) 인생 곡선에서 여러 가지 힘든 어려움이 제시되어 있긴 한데요. 장지희씨 지금 가장 힘든 일은 무엇인지요?	(고개를 다시 숙이지만 작은 목소리로) 저는 어릴 때부터 대가 없이 저를 지지해 준 사람이 없어 정말 악으로 버티고 살아와서 다 힘들었는데… 그래도 제일 힘든 건 현재 우리 아들하고 관계가 나빠지고 있는 것입니다. 나는 오로지 아들을 위해서 사는데 이 녀석이 이제 말도 안 듣고 험악한 눈빛으로 막 대들거든요.	개방적 질문

현재 가장 힘든 문제 이야기

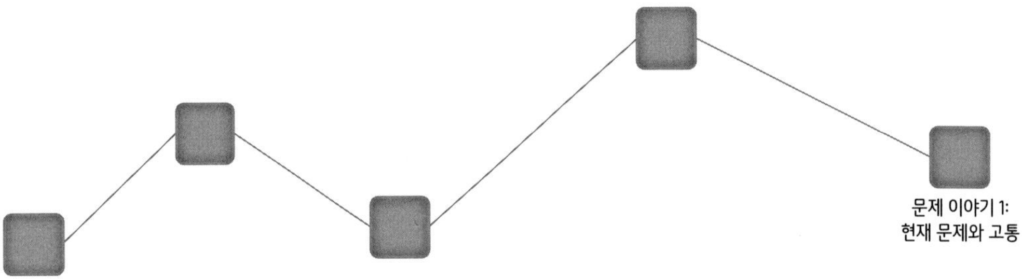

31	지금 가장 힘든 일은 아들의 눈빛이 험악하게 변하고 엄마한테 대드는 것이군요.	아들이 전에는 안 그랬는데… 처음 남편과 이혼했을 때 저와 살겠다고 해서 사실 아들 때문에 최선을 다해 살고 있는데 지금은 그때 그 애가 아닌 거 같아요.	반영
32	착했던 아이가 엄마에게 험악한 표정으로 대드는 상황이 장지희씨에게 어떤 고통을 주나요?	대드는 아이의 모습을 보면서 '내가 뭘 잘못해서 이 아이가 이렇게 변했을까? 내가 엄마로서 자격이 없구나.'라고 생각하다가도 난 지를 위해 최선을 다해 견디며 살고 있는데 이것도 몰라 준다 싶으니 아이에게 악을 바락바락 쓰게 돼요. 이럴 때는 제가 미치는 것 같아서 무서워요. 며칠 전에 아이에게 쌍욕을 하고 컵도 던졌어요. 아이가 맞은 건 아니지만…	개방적 질문

33	변한 아이 모습에 장지희씨도 변해서 나쁜 엄마가 될까 봐 많이 두려우시군요.	밤마다 잠도 못자고 후회하고 반성하지만 막상 게임만 하는 아이를 보면 뒷통수를 후려갈기고 싶고 아이도 포기하고 싶어요.	명료화
	문제 외재화하기		
34	자! 그럼 아이를 보란 듯이 잘 키우고 싶은데 공부 안 하고 게임만 하는 모습을 볼 때 내게 오는 그 고통들, 흔히 그것을 이야기치료에서는 문제라고 하고 이 문제를 객관화시키기 위해 이름을 붙여 봅니다. 그래서 이 문제에게 이름을 뭐라고 붙이면 좋을까요? 이 문제는 아이가 아무리 빌미를 줘도 이게 내게 붙지 않아야 할 나쁜 놈이거든요. 즉, 이 나쁜 놈에게 이름을 붙인다면 뭐가 좋을까요?	(잘 이해가 안 된다는 표정으로) 글쎄요?	이야기치료 문제 외재화 질문1
35	조금 당황스러우시죠. 처음이라서··· 그럼 흔히들 문제, 즉 나의 고통에 붙이는 이름 종류에 대한 예를 들어 드릴게요. 괴물, 악마, 귀신, 먹구름, 훼방꾼, 어흥, 호랑이, 곰팡이, 진드기, 좀, 배신감, 미친괭이, 지랄, 바보, 천치, 장님, 도깨비, 내동댕이, 스크래치, 지랄, 흙탕물, 태풍, 지진, 쓰나미, 망망대해, 표류, 소용돌이 등을 나쁜 놈의 이름으로 많이 하시더군요.	(머뭇거리다가) 저··· 저는 아이가 대드는 걸 보면 뭔가 치밀어 오르는데 그걸 멈출 수가 없어요. 그래서 쌍욕도 하고 컵도 던졌는데··· 그게 욱하고 올라오는 것 같으니 '욱이'라고 하면 어떤지요?	이야기치료 문제 외재화 정보 제공
36	네! 좋습니다. 그럼 그 나쁜 놈을 '욱이'라고 이름 붙일게요. 이것도 이야기치료 기법 중 하나인데요. 지금부터 포스트잇을 드릴테니 이 포스트잇에 '욱이'라고 쓰고, 포스트잇에 쓴 '욱이'라는 놈이 장지희씨 몸 어디에 붙었는지 한번 붙여 보세요.	(다섯 장의 포스트잇에 '욱이'라고 쓰고) 여기 머리, 입, 가슴, 양손에 붙어 있어요.	이야기치료 문제 외재화 정보 제공

포스트잇 5장에 '욱이'라고 쓰고 장지희씨 머리, 입, 손, 가슴에 붙임

'욱이'라는 놈(문제 외재화)의 결과와 영향력 탐색하기			
37	자! 그럼 이 '욱이'라는 놈이 밖에서 와서 장지희씨 머리, 입, 양손, 가슴에 붙어 있는데 떼어 내실 수 있는지요?	(몸에 붙은 다섯 장의 포스트잇을 떼어 내며) 네!	이야기치료 문제 외재화 질문2
38	떼어 내니 어떠신가요?	글쎄요, 아직은 뭐가 뭔지 모르겠어요.	개방적 질문
39	(상담 책상 위를 가르키며) 여기 한번 붙어 보세요.	(상담 책상 위에 다섯 장을 나란히 붙이고) 어… 가만히 생각해 보니 '욱이'가 제 몸에서 떨어졌네요.	이야기치료 문제 외재화 정보 제공
40	네, 맞아요. 이야기치료에서는 이를 문제와 선량한 장지희씨를 분리시킨다고 말합니다. 이 말은 내 몸에 붙은 문제가 문제이지, 문제가 붙은 사람이 문제가 아니라고 하죠.	그럼 나를 고통스럽게 하는 '욱이'가 밖에서 나한테 붙었다는 이야기인가요?	이야기치료 철학에 대한 정보 제공
41	네, 이야기치료 원리를 금방 알아차리시네요. 오늘 가실 때 이야기치료 책을 한 권 대여해 드리겠습니다. 책을 읽으시면 상담의 원리를 더 잘 알게 되어 자신이 가진 강인한 힘을 알게 될 것입니다. 지금부터 이야기치료 방식으로 질문드릴게요.	(반신반의하는 표정으로 쳐다만 봄)…	강점 칭찬/ 정보 제공
42	(상담 책상 위에 붙어 있는 '욱이'라고 쓰여진 포스트잇들을 가리키며) 이 '욱이'라는 놈이 처음으로 지희씨에게 나타난 때는 언제인가요?	(기억을 더듬으며) 아이가 초등학교 5학년 때부터인 거 같네요.	이야기치료 문제 외재화 질문3
43	'욱이'라는 놈이 지희씨 몸에 붙으면 지희씨를 어떻게 힘들게 하나요?	저를 나쁜 엄마로 만들어요.	이야기치료 문제 외재화 질문4
44	'욱이'라는 놈은 언제 가장 힘이 센가요?	그동안 우울증으로 일을 안 하다가 2달 전부터 마트에서 아르바이트를 하는데 마치고 급히 시장봐서 지 밥 해 줄려고 집에 헐레벌떡 오는데 숙제도 안 하고 컴퓨터 앞에서 게임만 하고 있는 모습을 볼 때인 거 같아요.	이야기치료 문제 외재화 질문5

45	'욱이'라는 놈은 어디에서 가장 힘이 센가요?	거실에 있는 컴퓨터 앞이고, 다음은 아이 방이요.	이야기치료 문제 외재화 질문6
46	'욱이'라는 놈은 어떨 때 가장 힘이 센가요?	(잠시 생각에 잠기다가) 아이가 눈 똑바로 뜨고 대들 때요.	이야기치료 문제 외재화 질문7
47	아이가 대들 때 그 놈은 지희씨 몸에 붙어서 위력을 발휘하는군요. 그럼 '욱이'라는 놈은 지희씨가 어떻게 행동하도록 만들었나요?	아이에게 위험한 물건을 던지게 하고 한 번도 해 본 적이 없는 쌍욕을 하게 해요.	명료화/ 이야기치료 문제 외재화 질문8
48	'욱이'라는 놈은 지희씨가 자신을 어떻게 생각하도록 만들었나요?	나를 배신한 지 애비하고 똑같아 '애도 나를 배신하겠구나!'라는 생각을 하게 해요.	이야기치료 문제 외재화 질문9
49	'욱이'라는 놈은 지희씨가 다른 사람들에게 어떤 사람으로 보이게 하는 가요?	'저 여자 정신병이라 하더니만 정말 그러네. 그래서 이혼당했구나.'라며 미친 여자로 보이게 할 거 같아요.	이야기치료 문제 외재화 질문10
50	그럼 '욱이'라는 놈은 당신을 어떤 함정에 빠뜨리기 위해 붙었을까요?	(울먹거리며) 살면서 너무 외로웠어요. 그렇지만 아이가 나를 선택해 주어 정말 기뻐서 그 힘으로 살고 있었는데 아이를 아빠에게 뺏기게 하고 마지막으로는 정신병원에서 죽게 만들겠죠.	이야기치료 문제 외재화 질문11
51	'욱이'라는 놈의 영향이 대단하군요.	(운다)···	명료화
52	(휴지를 건네며) 힘드시겠지만 이제는 '욱이'라는 놈이 당신 주위 사람들에게 어떤 영향을 미치고 있을지 생각해 보고 이 용지에 한번 간단하게 써 보도록 할게요.	(눈물을 훔치며 용지를 받아들며) 네.	이야기치료 문제 외재화 정보 제공

문제의 영향력 탐색하기 워크시트 작성(5분 소요)

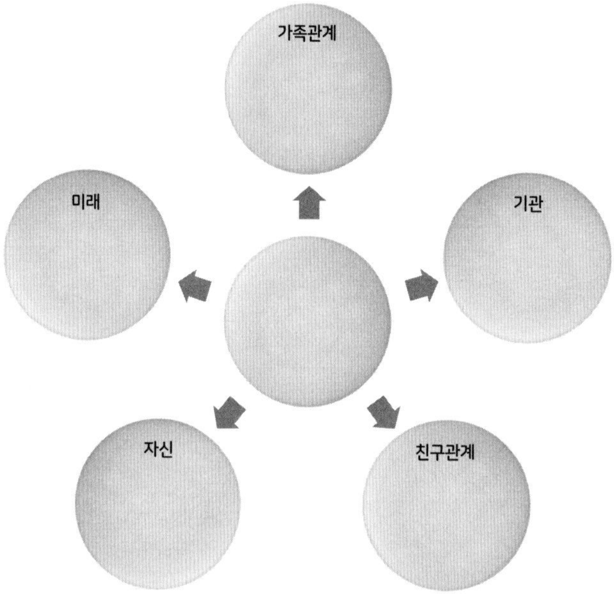

53	'욱이'라는 놈은 지희씨의 가족관계에 어떤 영향을 끼치고 있나요? 그 용지에 써 놓으신 대로 말씀하시면 됩니다.	"니가 미친 듯이 그렇게 악악대니 그렇지 뭐."라고 하면서 친정집에서 저를 피하도록 할 것 같아요. 지금도 피하지만…	이야기치료 문제 외재화 질문12
54	'욱이'라는 놈은 지희씨의 친구관계에 어떤 영향을 끼치고 있나요?	친구들은 제가 가진 건 없지만 열심히 사는 친구로 알고 있는데 "아! 저래서 이혼당했구나! 원래 이상한 애였구나!"라고 말하도록 할 것 같아요.	이야기치료 문제 외재화 질문13
55	'욱이'라는 놈은 지희씨의 직장에 어떤 영향을 끼치고 있나요?	이상한 사람으로 여겨 아마 직장에서 짤리겠죠.	이야기치료 문제 외재화 질문14
56	'욱이'라는 놈은 지희씨의 미래에 어떤 영향을 끼치고 있나요?	(다시 고개를 숙이며) 희망도 없이 암울하게 살아가도록 할 거 같아요.	이야기치료 문제 외재화 질문15

독특한 결과(unique outcome, 반짝이는 사건)와 영향력 탐색하기

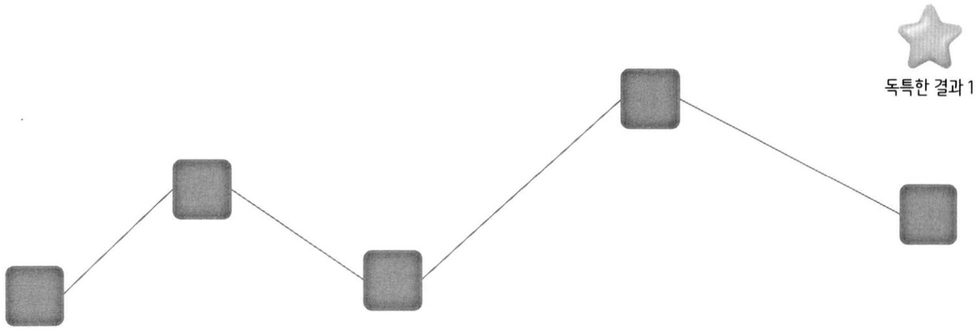

57	(약간 반전의 호기심 어린 표정으로) 혹시 말이에요? 이런 영향력을 가진 '욱이'라는 놈이 다가와 지희씨 몸에 붙기 전에 그것을 정지시킨 경험이 있었나요?	(기억을 더듬으며) 아! 네… 언제였지? 한번은 일하고 파김치되어 돌아왔는데 아들은 컴퓨터 게임을 하고 있었어요. 사실 뒷통수를 후려갈기려고 다가가는데 갑자기 아이가 돌아보면서 "엄마! 왔어?"라고 하며 바라보는 그 눈빛이 이혼 시 내 손을 잡으며 나를 따라오던 그 눈빛하고 같았어요. 그 순간 제가 "배고프지? 빨리 밥 해 줄테니 먹자."라고 했고, 그 이후 아무 일 없이 잘 잤던 때가 있었네요.	이야기치료 독특한 결과 질문1
58	그때 지희씨의 어떤 생각이 '욱이'라는 놈의 함정에 빠지지 않도록 하였나요?	그때 순간 나를 낳아 준 부모도 내가 그렇게 사랑했던 남편도 나를 버렸는데 나를 믿고 따라와 준 이 아이가 있다는 생각이 더 크게 떠오른 거죠.	이야기치료 독특한 결과 질문2
59	그래도 그건 과거이고 현재 엄마의 노고도 모르고 말 안 듣는 아이를 때리거나 밥을 안 줄 수도 있는데 어떻게 그러지 않았지요?	그렇게 말하시니 우리 아버지, 엄마가 떠오르네요.	이야기치료 독특한 결과 질문3
60	지희씨 부모님의 어떤 부분요?	우리 부모님은 돈 때문에 정말 많이 싸우셨어요. 둘이 싸우다가 제가 옆에서 무서워서 울고 있으면 저도 때리셨어요. 정말 저에게는 해 준 것이 없는 사람들이에요.	개방적 질문

61	그런 부모님과 함께 사셨다면 어린 시절이 정말 힘드셨겠군요.	하지만 저는 이혼하면서 남편과 싸워도 아이가 불안해 할까 봐 아이 앞에서는 싸우지 않았어요. 그리고 그간 아이를 때린 적도 없어요.	명료화
62	와! 어떻게 그렇게 할 수 있었나요?	우리 부모님을 보면서 난 어른이 되면 아이한테 절대 안 그래야지라고 생각했거든요.	개방적 질문
63	그 어린 나이에 가진 생각을 잊지 않고 지키시는 대단한 분이시군요.	워낙 한이 되어서…	강점 칭찬
64	이야기치료에서는 '욱이'라는 놈의 함정에 빠지지 않고 자신의 올바른 신념대로 한 행동을 반짝이는 사건이라고 합니다. 지희씨도 그게 있었네요.	그랬네요.	정보 제공
65	그럼 오늘은 여기까지 이야기를 나누고 다음 상담 시간에 오실 때 '욱이'라는 놈의 함정에 빠지지 않은 독특한 결과, 즉 반짝이는 사건을 더 찾아 오시면 어떨까요?	네.	이야기치료 독특한 결과 정보 제공
66	장지희씨 또 한 가지 과제를 더 드리려고 하는데 어떠신지요?	(부담스러운 듯한 표정으로) 또 뭔데요?	개방적 질문
67	3가지 정도 심리검사를 하고자 하는데요. 어떠신지요? 자존감, 우울검사와 자살생각 검사입니다. 이 검사들은 모두 길지는 않는데요. 말로써 표현되지 않는 생각을 문항에 따라 체크해 봄으로써 자신의 상태를 알게 되고 나중에 상담이 얼마나 도움이 되었는지 평가하게 되는 기준이 되는 검사입니다.	네.	정보 제공
68	(검사지를 주며) 그럼 다음 주에 뵐게요.	(검사지를 받아 가방에 넣으며) 네, 수고하셨습니다.	

2) 2회기

회기 및 주제	2회기: 다른 독특한 결과 영향력 탐구 및 스캐폴딩을 통한 대안적 이야기 구축
상담내용	• 심리검사 결과 이해 • 다른 독특한 결과의 영향력 탐색하기 • 스캐폴딩을 통해 평소 나의 가치와 긍정적 정체성 찾기 • 과제: 외부 지지자원 탐색해 오기
장소/시간	구미정신건강복지센터 상담실/50분

다른 독특한 결과들과 영향력 탐색하기

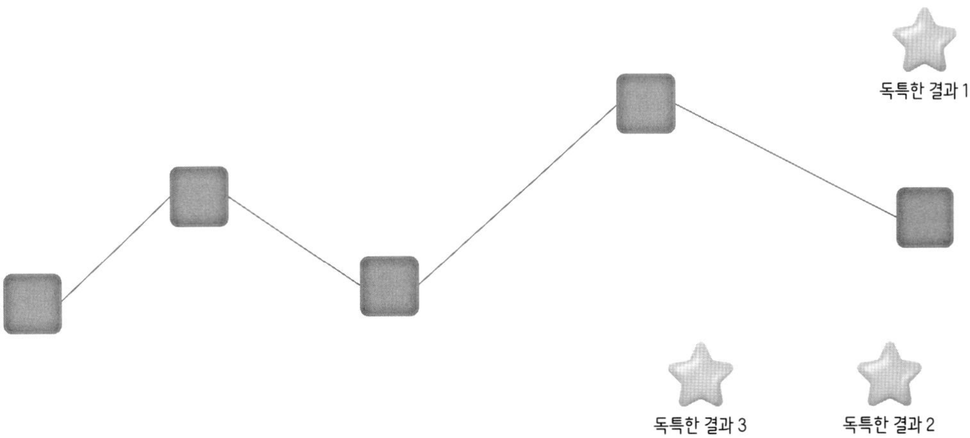

번호	사례관리자	대상자	사례관리자 치료적 의사소통기법
1	어서 오세요! 기다리고 있었어요.	(자리에 조용히 앉으며) 네.	존중
2	오늘은 뭐부터 할까요?	(검사 용지를 내밀며 작은 목소리로) 저… 이건 오기 전에 체크해 왔는데… 지난 번에 선생님께서 더 생각해보라고 하신 반짝이는 사건은 찾아오지 못했어요.	개방적 질문
3	(검사 용지를 받고 안심시키며) 오신 것만 해도 대단하세요.	(안심하는 표정으로)…	칭찬

4	(검사 도구 점수를 계산한 뒤) 처음에 저희 센터에 의뢰되기 전의 점수보다 자존감은 10점 올라갔고, 우울과 자살생각 점수는 각각 5점씩 낮아졌는데요.	(반신반의하는 표정으로) 그런가요?	정보 제공
5	혹시 그 이유가 무엇일까요?	잘 모르겠어요.	개방적 질문
6	그럼 지난주는 어떠셨어요?	(작은 목소리로) 아이의 입장을 생각하면서 좀 참긴 했는데… 저는 더 힘든 것 같아요.	개방적 질문
7	와! '욱이'라는 놈이 붙지 않도록 하셨군요!	하긴 아이와 말은 많이 안 했지만 저녁을 꼭 같이 먹고… 쌍욕은 더 이상 안 했어요.	이야기치료 독특한 결과 질문4
8	지난 상담 시간에 부모님들께서는 심하게 싸우셨다고 했는데… 그때 욕설은 어땠나요?	심했죠. 우리한테는 못하게 하면서… 저는 자라면서 아무리 누가 나를 괴롭혀도 욕을 해 본 적이 없어요.	개방적 질문
9	(환한 표정으로) 그게 다 이야기치료에서 말하는 독특한 결과들, 즉 반짝이는 사건들이라고 하는 겁니다. 이미 찾아 오셨어요.	(표정이 밝아지고 목소리가 커지며) 아! 그런가요?	이야기치료 정보 제공
10	혹시 지희씨를 누군가가 괴롭히는데 그래도 참았던 일을 1가지 구체적으로 이야기해 주실 수 있을까요?	(잠시 생각하며)…	구체화
11	(기다린다)…	(눈물을 글썽이며) 사실 이혼의 원인이 남편의 외도였어요. 이웃집 여자와… 주위에서 알려 주어 알게 되었는데 그 말을 듣는 순간은 눈에서 불이 튀고 보이는 게 없었어요.	침묵

12	(같이 슬픈 표정으로) 얼마나 속상하셨을지 이해가 됩니다.	그런데 막상 그 날 저녁 남편에게 자초지종을 따졌지만 욕하지는 않았어요.	공감
13	그런 엄청난 사건 앞에서 어떻게 그렇게 할 수 있었는지요?	남편은 여자가 독해서 자기 말은 1도 안 듣는다, 사랑이 있니 없니 하더군요. 저는 정말 사업을 하면서 이리 뛰고 저리 뛰고 하다 보면 집에 늦게 들어가는 일이 많았지만 최선을 다했는데… 그때 아이가 "아빠 미워, 아빠 싫어."라고 하면서 저에게 붙는 거예요.	강점 칭찬/ 개방적 질문
14	그런 엄청난 일에서 아이가 엄마 편을 든 게 그 상황을 견디는 힘이 되었군요.	어떻게 보면 아이가 사업하는 나보다도 일이 없는 아빠와 보내는 시간이 많았는데 불구하고 저를 선택했잖아요.	명료화
15	이런 반짝이는 빛나는 사건이 있을 때 주변에 누가 있었나요? 그 사람은 뭐라고 했나요?	남편만 있었죠. 남편은 제가 자기하고 싸우지만 평소 아이에게 제가 어떻게 하는지 잘 아니까 아이를 데리고 가려고 하지 않았어요.	이야기치료 독특한 결과 질문5
16	그 반짝이는 빛나는 사건은 지희씨에게 어떤 의미를 주었나요?	'부모에게 물려받고 배운 것도 아닌데… 내가 어릴 때부터 가졌던 신념이 맞구나! 난 역시 똑똑한 아이였어.'라는 생각을 그때는 했었던 기억이 나네요.	이야기치료 독특한 결과 질문6
17	지희씨는 어떤 가치로 반짝이는 빛나는 행동을 했나요?	평소 상대가 원하는 것을 잘 알아차리면 싸움이 적을 거라는 생각을 해서… 사람들을 만나면 그 사람을 늘 관찰했었어요. 그래서 당시에는 이판사판 결판을 내고 싶었지만 참고 남편을 관찰해 보니, 이미 깊이 빠져 있어서… 이혼해 주는 것이 낫겠다 싶어 쿨하게 보내줬어요.	이야기치료 독특한 결과 질문7

비계 설정(scaffolding) 및 긍정적 정체성 확인

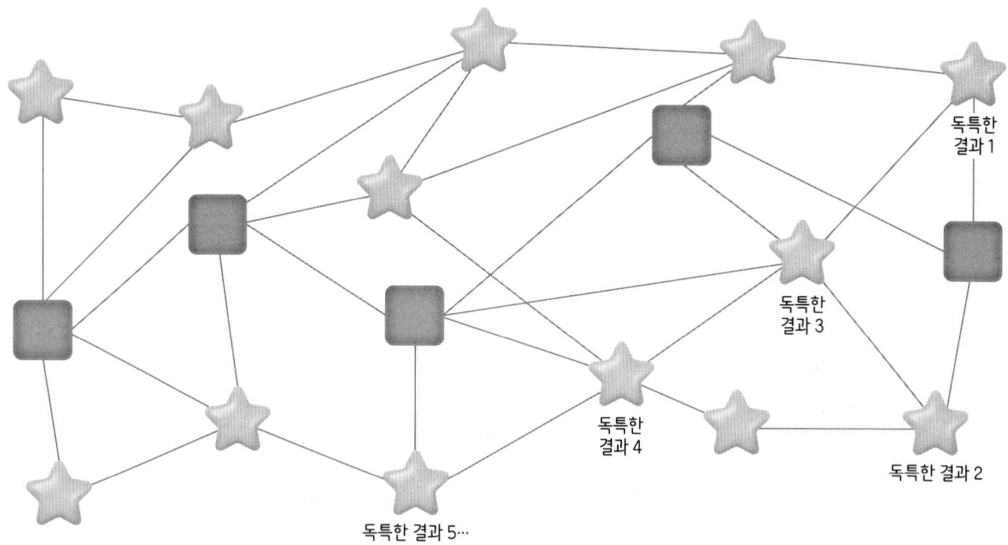

18	우와! 정말 저보다 한수 위인데요, 그럼 반짝이는 빛나는 사건과 같은 일이 언제 또 있었나요?	(잠시 생각하다가 표정이 밝아지며) 사실 제가 대학을 가고 싶었지만 대학 갈 형편이 못 되어 20살 때 아르바이트로 번 돈으로 집을 나와 미국에 돈 벌러 갔었어요.	이야기치료 비계 설정 질문1
19	그래서요?	에이전시 통해 돈을 주고 미국에 취업자리가 있다 해서 나갔는데… 나가서 보니 사기를 당한 거예요. 그 에이전시는 없었고…	경청 추임새
20	(놀라며) 네? 사기를 당했다구요?	정말 어린 나이에 너무 어처구니가 없고 뭘 해야 할지 몰라 지하철역 사람이 많이 붐비는 곳에 벤치에 멍청히 앉아 있었어요. 그때 제가 가진 돈은 50달러라서 돌아올 수도 없고…	재진술
21	그 다음은요?	생각해 보니 그래도 그 때 공용화장실에 가서 세수하고 머리도 빗고 단정한 매무새로 앉아 있었던 거 같아요. 그 때 동양인 아줌마 1명이 다가와 한국말로 뭘 물으시더군요.	경청 추임새

22	(눈을 반짝이며) 한국말로? 무엇을 요?	아줌마는 반신반의하는 표정으로 "어디서 왔느냐?"라고 한국말로 했어요.	개방적 질문
23	아니 한국 사람인지 어떻게 아시고?	나중에 친해져서 들은 이야기로는 우연히 지나다가 저를 유심히 지켜보니 한글로 수첩을 뒤적이고 있었다고 해요. 그래서 제가 울며 자초지종을 이야기했거든요. 한참 듣더니 자기 집으로 가자고 했어요.	개방적 질문
24	그 아주머니께서 장지희씨가 어려움에 처한 한국 여성이라는 걸 아셨군요.	정말 좋은 분이셨어요. 사실 지푸라기라도 잡아야 하는 때라 반신반의하면서 따라갔는데 60대 초반의 아저씨와 부부로 자녀들은 다 출가하고 두 분만 사시는 넓은 집이었고, 그 날 저녁밥을 주시고 방도 내어 주셨어요.	명료화
25	낯선 타국에서… 그런 엄청난 상황에서 그런 분들을 만났으니 장지희씨는 복이 많으셨네요.	(환한 표정으로) 갑자기 그분들이 보고 싶어지네요. 사실 그 집에서 걱정되고 피곤함에도 불구하고 밤에 곰곰이 생각해 봤어요. 내가 갈 때 가더라도 이 집에 도움될 일을요.	명료화
26	그게 무엇이었는데요?	그때 그 곳은 늦가을이었는데 창밖을 보니 잔디밭에 낙엽이 많이 뒹굴고 있어 제가 새벽에 낙엽을 다 쓸었거든요. 그리고 아줌마가 아침 준비할 때 그냥 앉아 있으라고 하는데도 불구하고 눈치껏 제가 도왔죠. 그렇게 며칠 지나니 아줌마가 여기서 직장 구할 때까지 지내라고 했어요. 그리고 한인 슈퍼에 성실하고 좋은 사람이라며 취업까지 도와주셨어요. 미국에서 한국으로 올 때까지 제 부모처럼 저를 돌봐 주셨어요.	개방적 질문
27	(감동 어린 목소리로) 와! 정말 저도 기뻐지네요.	사실 3년 만에 돈을 좀 벌어 한국으로 돌아올 때 가지 말고 자기 수양딸하고 살자고 했는데… 하지만 3년이 지나니 가족도 보고 싶고 대학도 다니고 싶고 해서 들어왔어요.	공감

28	와! 감동이네요. 그런데 혹시 이와 같이 장지희씨에게 반짝이는 빛나는 사건이 또 언제 있었나요?	(잠시 생각에 잠기다가) 아! 그렇게 돌아와서 그 돈을 자금으로 사업을 했어요. 사실 사업 도중 자금이 모자라 은행에 대출받으러 갔었는데 창구에서는 안 된다고 했는 데 그 은행 지점장님이 저를 보시더니 큰돈을 대출할 수 있도록 했어요.	이야기치료 비계 설정 질문2
29	다른 직원들의 반대에도 불구하고 그 은행 지점장님은 지희씨의 어떤 점을 보았을까요?	제가 적금 기한도 잘 지키고 평소 은행에 왔을 때 태도도 본 거 같았어요.	이야기치료 비계 설정 질문3
30	지희씨의 인생은 어떤 가치로 일관되게 살아온 거 같습니까?	그때만 해도 살면서 터득한 건 빽이 중요한 게 아니라 열심히 내가 할 수 있는 한 열심히 노력하면 된다는 것이었어요.	이야기치료 긍정적 정체성 질문1
31	다시 한번 더 물을게요. 지희씨의 신념은 무엇이었나요?	음~ 무엇이든 하면 된다는 거…	이야기치료 긍정적 정체성 질문2
32	그것이 지희씨의 희망, 꿈이었을까요?	어릴 때 제 욕구를 채워주지 않은 부모를 보면서 원망하다가 부모를 잘못 만나도 돈이 없어도 위대한 사람이 된 사람들도 있다는 걸 위인전을 통해 알게 되었고 어느 순간 인내심을 가지고 성실하게 최선을 다하면 원하는 바를 이룰 수 있다는 희망을 가지고 미국도 간 거 같아요.	이야기치료 긍정적 정체성 질문3
33	그 어린 나이에 그걸 알고 계셨군요.	(약간 자랑스러운 듯) 주위 상황이 지지적이지 않으니 일찍 철든 거죠 뭐…	강점 칭찬

34	그래도 아무나 빨리 철들지는 않은 거 같은데요? (생태도 용지를 보여 주며) 저… 지금 이 용지를 드릴테니 지희씨의 이런 진가를 알아준 사람이나 사물이 있는지 한 번 찾아 봐요. 이야기치료에서는 이 과정을 통해 나의 진짜 모습을 알고 지지해 준 사람이나 사물을 찾아 그것만 내 마음 속에 담는데요, 이를 나만의 클럽이라고 한답니다. 이 클럽 회원들은 내가 살아가는 데 힘을 주거든요.	(용지를 받아 들며) 네~	이야기치료 정보 제공

나의 진가를 알아준 사람이나 사물 찾아 마음에 담기(생태도를 통한 나의 클럽회원 재구성)(5~10분 소요)

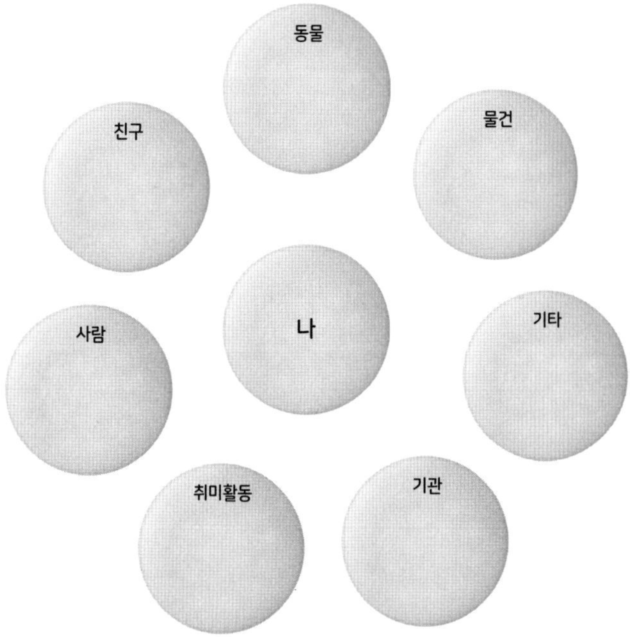

35	(쓰고 있는 내용을 바라보며) 지희씨! 생각이 많으시군요.	아직 잘 쓰지는 못하고 있지만 오늘은 까마득히 잊고 있었던 제 좋은 기억을 살려주셨어요.	정보 제공

36	정말 이야기치료에서 상담받으러 오신 분이 왜 자신의 인생의 전문가라고 하는지 알게 되었고 제가 감동받는 시간이었습니다.	좀 더 차근하게 생각해 봐야겠어요.	
37	(시계를 보며) 벌써 시간이 50분이 다 되었네요. 지희씨! 오늘은 여기까지만 하겠습니다.	(펜을 놓으며) 네! 제가 속도가 느리죠?	정보 제공
38	그래도 이야기치료 질문에 맞게 신중하게 생각해서 답해 주셔서 정말 감사드립니다. 지금 하신 용지는 가지고 가셨다가 더 기록하셔도 되고 그대로 가져오셔도 됩니다. 다음 주 3회기 때 이 용지를 중심으로 상담을 시작하겠습니다.	(용지를 가방에 넣고 일어서며) 잠시 이런 생각도 했었어요. 지금은 아니지만 조금 더 힘이 나면 미국에 있는 양어머니에게 전화 한번 드려 봐야겠다는 생각을요. 제가 이렇게 사느라 전화 한번 못 했거든요.	정보 제공
39	(밝은 표정으로) 대단한 발전을 하고 계시네요.	그럼 다음 주에 뵐게요.	강점 칭찬

3) 3회기

회기 및 주제	3회기: 회원 재구성과 새로운 이야기 쓰기
상담내용	• 생태도를 통한 나의 지지대상 탐색 및 나의 기여도 탐색 • 나의 미래 방향 다짐하기
장소/시간	구미정신건강복지센터 상담실/50분

번호	사례관리자	대상자	사례관리자 치료적 의사소통기법
1	(환한 표정으로) 어서 오세요! 지난주에는 어떻게 지내셨는지요?	지난주는 아이가 하는 대로 내버려 두니 지가 눈치를 보며 게임을 조금 덜 하는 거 같았어요. 그래서 싸울 일은 없었는데… 아 참! 아이와 잠시 미국 이야기를 해 봤어요. 지난 번 선생님과 한 이야기를 아이에게 했더니 이 녀석이 관심을 가지더군요.	존중/ 개방적 질문
2	아들과 미국 이야기를 하셨다구요?	(접은 용지를 상담책상 위에 올려 놓으며) 이 용지가 도움이 되었어요.	재진술
3	(용지를 받아 펼치며) 아하! 나의 진가를 알아주고 인정해 준 사람에 미국 아주머니와 은행 지점장님을 넣으셨군요!	(표정이 환해지며) 생각할수록 두 분은 정말 저의 은인이었어요. 미국 아줌마에게는 한국으로 돌아와 처음에는 몇 번 전화를 드렸는데 그때마다 너무 아쉬워하셨어요. 언제든 연락하라고 하시면서…	이야기치료 나의 클럽회원 재구성 질문1
4	그 아주머니는 지희씨가 찾아낸 긍정적 정체성에 대한 이야기를 하면 뭐라고 하실까요?	(잠시 생각하다가) "지희야! 넌 원래 그런 사람이었어."라고 할 것 같아요. 우리 엄마, 아버지보다 우리 가족들 보다 더 저를 잘 아신 분이였던 거 같아요.	이야기치료 나의 클럽회원 재구성 질문2

5	그분은 무엇 때문에 지희씨가 그런 사람이라고 생각하게 되었을까요?	어려운 상황에서 울고 좌절하는 것이 아니라 단정한 모습으로 주위를 관찰하고 기회가 주어지면 도움을 받기도 하지만 최선을 다해 작은 것이라도 진정성 있게 보답하려는 모습을 보고 그렇게 생각하셨을 거예요.	이야기치료 나의 클럽회원 재구성 질문3
6	그분은 언제부터 지희씨가 그런 사람이라고 생각하게 되었을까요?	지난 시간에 말씀드렸듯이 낯선 저를 집으로 처음 데리고 갔을 때 그걸 보답하기 위해 노력하는 저의 모습을 봤을 때부터요.	이야기치료 나의 클럽회원 재구성 질문4
7	그분은 지희씨와 함께 했던 그 시간을 어떤 의미로 받아들였을까요?	언젠가 하신 말씀이 떠오르네요. "내가 사람 하나는 기똥차게 잘 보는 사람이거든. 처음 남편에게 이 이야기했을 때 지희 너를 데리고 오는 걸 반대했는데… 나중에는 내가 수양딸 삼고 싶다는 데 동의했고, 내가 좋은 사람을 알아보는 눈도 있음을 인정했어."라고요.	이야기치료 나의 클럽회원 재구성 질문5
8	지희씨는 그 아주머니와 함께 있었던 시간이 어떤 의미를 주었나요?	그간 이혼, 사업 부도, 친정과 아들과의 갈등 관계로 잊어버리고 있었는데… 그 시간은 제 인생에 있어서 최고였어요. '돈이든 빽이든 아무것도 가진 것이 없어도 성실하고 강인한 나만 있으면 어디서나 인정받을 수 있구나!'라는 생각과 의미를 주었어요.	이야기치료 나의 클럽회원 재구성 질문6
9	(용지를 내밀며) 자! 그럼 다시 한번 정리해 볼게요. 이 용지에 쓰여진 문장은 지희씨의 이미 가지고 있었지만 조명되지 않았던, 아니 까먹고 있었던 긍정적 정체성을 담은 대안적 이야기를 명료화시키기 위한 작업입니다. 괄호 안에 이미 지희씨가 이야기 내용을 중심으로 채워 넣어 보면 어떨까요?	(용지를 받아 가만히 들여다보며) 어려운데요?	이야기치료 정보 제공/ 개방적 질문

대안적 이야기 구축(15분 소요)			
나 (　　　　)는 (그놈 =　　　　　　)에 대항하는 (　　　　　　　)라는 강인한 힘을 이미 가지고 있었습니다.			
10	(용지를 함께 들여다보며) 혹시 어떤 부분이 어려우신지요?	(내용을 가르키며) 첫 번째 괄호는 제 이름을 넣으면 될 것 같은데… 두 번째 괄호 안에는 뭘 넣으면 되는지요?	개방적 질문
11	아! 네. 첫 번째 상담 시간에 지희씨가 말씀하셨던 문제의 이름을 넣으시면 됩니다.	(기억해내며) 아! 그 '욱이'라는 놈이군요. 그럼 세 번째 괄호 안에는요?	이야기치료 정보 제공
12	이건 두 번째 상담 시간에 찾아냈던 지희씨의 긍정적 정체성이 해당되는데…	아! 맞다! 조금 전에도 이야기했지만 저는 어린 시절 싸우고 때리는 부모를 보고 저렇게 안 해야지라고 다짐한 것을 실천하고 빽이 없어도 성실함과 인내심으로 스스로 일어나는 오뚝이인 거 같은데…	이야기치료 정보 제공
13	(감탄하며) 저는 상담의 전문가일 뿐입니다. 여기까지 도달한 건 지희씨가 자신의 인생의 전문가로서 이미 가지고 계셨던 걸 차근히 알아내시도록 도운 것밖에 없어요.	(잠시 생각하다가) 부모나 가족이 준 것도 아닌데 제가 성실하게 그리고 인내심을 가지고 스스로 일어날 수 있었던 거군요.	강점 칭찬
14	네! 대단하시네요.	(용지의 괄호 안을 채우며) 이렇게 써 보니 더 저를 정확히 알게 되는 것 같아요.	강점 칭찬
나 (장지희)는 (그놈 = 욱이)에 대항하는 (어린 시절 다짐을 기억하고 실천하며 빽이 없어도 스스로 일어나는 오뚝이)라는 강인한 힘을 이미 가지고 있었습니다.			
15	저도 그렇게 생각이 되는군요.	(뭔가 생각난다는 듯한 표정으로) 지난 주부터 조금씩 부모에 대한 섭섭함도 조금씩 사라지는 것 같아요.	공감

16	그것에 대해 좀 더 구체적으로 이야기해 주시겠어요?	제가 미국에서 돌아와 사업을 했는데 사업한 지 3년 만에 정말 돈을 잘 벌었거든요. 그때 친정에 집도 사 주고 땅도 사 주었어요. 그런데 제가 이혼하고 사기를 당해 사업이 망하고 빚쟁이한테 쫓겨 다닐 때 도와주기는 커녕 친정집 근처에도 못 오게 했거든요. 동생들도 마찬가지이고… 그것도 제 우울증의 원인이기도 했어요.	
17	아! 그런 엄청난 힘든 일이 또 있었군요.	그런데 이제 생각이 조금 바뀌는 것 같아요.	명료화
18	(존경 어린 표정으로) 생각이 어떻게 바뀌었나요?	처음에 내가 도움을 준 사람은 반드시 나를 도와주어야 한다고 생각할 때는 너무 억울하고 분해서 악악 댔는데… 지금은 '도움은 거래나 부메랑 같은 것이 아니다. 내가 도움을 주었다고 그 사람이 반드시 나를 도와주는 것은 아니다.'라는 생각을 하게 되네요. 그래서 조금은 마음이 좋아지는 것 같아요.	개방적 질문
19	와! 대단하신데요.	선생님! 그리고 우리 아들에 대한 생각도 조금 바뀐 거 같아요.	강점 칭찬
20	어떻게요?	내가 이혼 후 저 같은 부모는 자식을 위해 희생하기 때문에 자식은 부모의 요구에 반드시 따라야 한다고 생각을 했었는데… 지금은 '부모가 아이를 위해 희생하기 보다 부모가 행복해져야 자식도 행복해진다.'라는 생각으로 달라지네요.	개방적 질문
21	그런데 그런 훌륭한 탄력성 있는 관점 변화는 어떻게 일어나게 되었는지요?	사실 첫 상담 때 주신 이야기치료 책을 던져두었다가 지난 주부터 읽었거든요. 아이와 싸우지 않으니 책 읽을 시간이 생기더라고요. (웃으며) 제가 책을 읽으니 아이도 책을 봐서 일거양득이기도 했어요.	개방적 질문

22	그럼 처음에 대여해 드렸던 이야기치료 책이 관점 변화에 도움이 되었다는 말씀이군요.	다 읽은 것은 아니지만 저의 관점 변화에 도움이 된 거 같아요. 그 책에서 병원에 입원했었던 우울증 환자가 이야기치료 후 좋아진 사례도 있어 도움이 되었어요.	반영
23	저와 상담하는 시간은 아주 일부분이므로 다양한 자기 개발서나 상담사례 책을 통해 자신에 대한 통찰력과 대처 방법을 배우는 건 정말 제가 강조하고 싶은 대단한 일입니다.	그래도 짧지만 처음부터 그 방향으로 저를 이끌어 주신 선생님이 계셔서 가능했던 것 같아서 감사드립니다.	정보 제공/ 강점 칭찬
24	네, 저도 정말 감사드려요. 그런데 이야기치료에서는 마지막으로 앞으로 어떻게 사실지 말해 보는 단계인 새로운 이야기 쓰기 단계가 있습니다. 여기까지 해 보면 어떨까요?	(호응하며) 네, 한번 해 보죠.	이야기치료 정보 제공/ 개방적 질문
25	원래 이 단계는 지희씨의 대안적 이야기를 진정으로 인정해 주시는 분을 초대하여 그분이 계신 자리에서 새로운 이야기를 써 보고 공표하는 것인데요, 지희씨는 워낙 잘 이해하고 계시니 저와 함께 둘이서만 해 보시면 어떤지요?	안 그래도 이야기치료 책을 읽어 보니 그런 이야기가 있었어요. 그래서 읽으면서 저도 잠시 생각해 보긴 했어요.	이야기치료 정보 제공/ 개방적 질문
26	또 제가 감탄하게 되네요. 어떤 생각을 해 보셨는지요?	지난 번에 미국 엄마에게 전화 한 번 해 봐야겠다고 말했잖아요.	강점 칭찬/ 개방적 질문
27	맞아요. 들은 기억이 나요.	아직은 전화해 보지 않았지만 곧 알아보고 연락해 볼 계획입니다.	자기노출
28	그리고 그 다음 계획은 무엇인가요?	매번 전화할 때마다 미국으로 오라고 했는데…참! 아들과 지난 주 미국 이야기 했다고 했잖아요. 그때 아이도 미국에 가고 싶다고 했어요. 여기 친구들이 아빠 없다고 놀린다고요.	개방적 질문

29	주위 친구들이 놀려서 아이도 많이 힘들었군요	남자 아이라 내색을 잘 하지 않고 게임만 해 그것만 문제라고 생각했는데… 한국은 아직 한부모 가정에 대한 편견이 아이들 세계에서도 심한 거 같아요. 부모들의 영향 때문인지… 그래서 아이를 안고 울었었어요.	반영
30	지난주에는 아들하고 서로 진정한 소통도 하시고 미국에 가는 이야기까지 하셨군요.	네. 하지만 당장 미국을 가겠다는 건 아니고요. 그리고 이번에 미국을 가려는 건 아이를 위해서만 가는 게 아니라 진짜 나를 알아주시는 미국 엄마도 계시고, 이제는 미국에 처음 갔을 때 두려웠던 상황과 달리 제 터전도 있고 해서 다시 제 힘을 발휘해 보려고요. 애도 데려가서 좋은 환경에서 도전하게 해 보려구요.	명료화
31	새로운 이야기가 정말 희망차게 느껴져 제가 행복해지고 있습니다.	(목소리가 낮아지며) 그렇지만 아직은 아니에요. 아르바이트 시간도 늘려 돈도 더 벌고, 아이 과외비로 다 소비하던 돈도 줄여 저축하면서 아이와 같이 영어 공부하며 조금씩 준비해 보려고 합니다.	자기노출 통한 공감
32	정말 대단하세요.	선생님! 짧지만 3회기 상담을 통해 원래 제가 어떤 사람인지 알게 되었고, 지금부터 조금씩 준비해서 또 한번 도전해 보려구요.	강점 칭찬
33	(환한 표정으로 내담자 얼굴을 가까이 하여 마주보며) 와! 새로운 이야기를 통해 앞으로의 삶의 방향이 정해지셨네요.	(웃으며) 네, 제가 원래 오뚝이 똑순이잖아요. 그리고 국가가 지원하는 이런 곳이 있다는 것을 알게 되고 실제로 도움도 받게 되어 정말 감사드립니다.	명료화
34	맞아요! 오뚝이씨! 기대합니다. 하지만 언제든 또 힘든 상황이 오면 연락 주시면 됩니다. 저희는 언제나 이 자리에 있을 것입니다. 저희 구미정신건강복지센터에서 내세우는 슬로건이 '1577-0199 여기에 당신 편이 있습니다.'입니다. 그래서 우리는 지희씨 편이거든요.	그렇군요! 이제 구미정신건강복지센터 1577-0199에 제 편이 있음을 항상 기억하겠습니다.	정보 제공

사례❸ 양극성장애

1 내담자 인적사항 및 가족사항

1) 내담자 인적사항

- 이름: 안정기
- 성별: 남자
- 나이: 30세
- 결혼상태: 미혼
- 학력: 전문대졸
- 직업: 설비기사
- 진단명: 양극성장애

2) 가계도

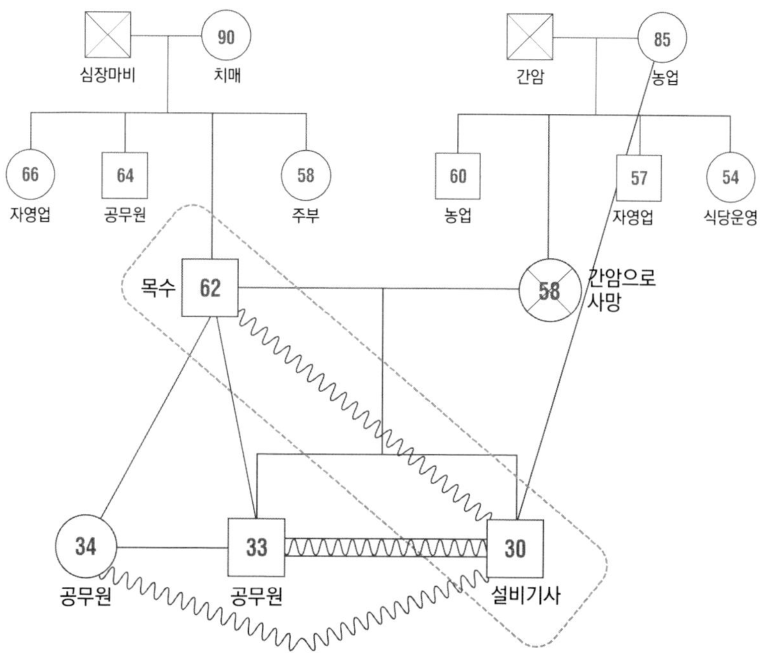

2 내담 경위

1년 전쯤 식당 설비 수리 후 컴플레인하는 고객과 싸운 후 업계에 안 좋은 소문이 나서 갑자기 일이 줄어 스트레스를 많이 받았다고 함. 이후 술 마시는 일이 많아졌으며, 술 취한 상태로 모르는 사람들과 시비가 붙고, 형과 형수에게 대들기도 하였다고 함. 3개월 전부터 잠을 잘 자지 않고 식사도 잘 하지 않았다고 하며, '내가 신이다', '나를 받들어라'라는 등의 소리를 하고, 말리는 형수를 때려 형에게 강제로 끌려가 정신과 방문 후 양극성장애 진단받고 3개월 입원치료함. 퇴원 후 외래 치료 중인 상태로, 약물로 인해 자꾸 처지고 의욕이 없어 힘들어 하던 중 센터 방문함.

어린 시절 어머니 사망 후로 형에게 많이 의지함. 어릴 때 형과 늘 비교당하고 무시당했으며, 어머니의 죽음을 대상자 탓으로 돌리는 아버지로 인해 죄인 취급을 받으면서 자랐음. 아버지는 대상자가 하는 일은 매사 못마땅하게 생각하고 많이 때렸음. 어린 시절에는 가끔씩 자신이 죽어버리면 차라리 아버지가 좋아하실까라는 생각을 한 적도 있다고 함. 2년 전 평소 어머니 역할을 대신해 주던 형이 결혼하면서 관계가 멀어지는 것 같아 힘들어 했다고 함.

3 주호소

과대망상, 충동적이고 폭력적인 행동, 수면장애, 자존감 저하, 음주, 대인관계의 어려움. 불안정한 기분

4 심리검사 결과

1) 자존감 검사

Rosenberg 자아존중감 척도(RSES) 16점으로 자존감이 낮은 편임

2) 역기능적 충동성

역기능적 충동성(dysfunctional impulsivity scale) 9점으로 높은 편임

3) MBTI

내담자: ISTJ(대화로 추측한 결과, 아버지: ISTP, 형: ISFJ)

[자존감 척도]

다음 문항에 대해 자신에게 가장 맞다고 생각하는 번호에 빠짐없이 √표해 주십시오.

	문항	대체로 그렇지 않다	보통이다	대체로 그렇다	항상 그렇다
1	나는 내가 다른 사람들처럼 가치 있는 사람이라고 생각한다.	1√	2	3	4
2	나는 좋은 성품을 가졌다고 생각한다.	1√	2	3	4
3	나는 대체적으로 실패한 사람이라는 느낌이 든다.	4	3	2	1√
4	나는 대부분의 다른 사람들과 같이 일을 잘 할 수가 있다.	1	2√	3	4
5	나는 자랑할 것이 별로 없다.	4	3	2√	1
6	나는 내 자신에 대하여 긍정적인 태도를 가지고 있다.	1	2√	3	4
7	나는 내 자신에 대하여 대체로 만족한다.	1√	2	3	4
8	나는 내 자신을 좀 더 존경할 수 있으면 좋겠다.	4	3	2√	1
9	나는 가끔 내 자신이 쓸모없는 사람이라는 느낌이 든다.	4	3	2√	1
10	나는 때때로 내가 좋지 않은 사람이라고 생각한다.	4	3	2√	1

[역기능적 충동성 척도]

다음 문항에 대해 자신에게 가장 맞다고 생각하는 번호에 빠짐없이 √표해 주십시오.

	문항	예	아니오
1	나는 생각 없이 머리에 떠오른 대로 말해버리는 적이 자주 있다.	√	
2	나는 문제를 천천히 조심스럽게 풀어나가길 좋아한다.		√
3	나는 지킬 수 있는지를 생각하지 않고 약속을 하는 경우가 자주 있다.		√
4	나는 경제적 사정을 고려하지 않고 물건을 사는 경우가 자주 있다.		√
5	나는 상황을 모든 각도에서 검토하지 않고 마음을 정해버리는 경우가 많다.	√	
6	때때로 나는 깊이 생각하지 않고 행동해버린다.	√	
7	나는 때때로 생각 없이 행동함으로써 곤란을 겪는다.	√	
8	사전에 미리 조심스럽게 검토하지 않음으로써 계획을 망치는 경우가 많다.	√	
9	나는 생길 수 있는 문제점들을 검토해 보기 전에 새로운 일을 착수하지 않는다.		√
10	중요한 결정을 내리기 전에 조심스럽게 장점과 단점을 검토한다.		√
11	나는 신중한 추론을 잘한다.		√

[MBTI 검사]

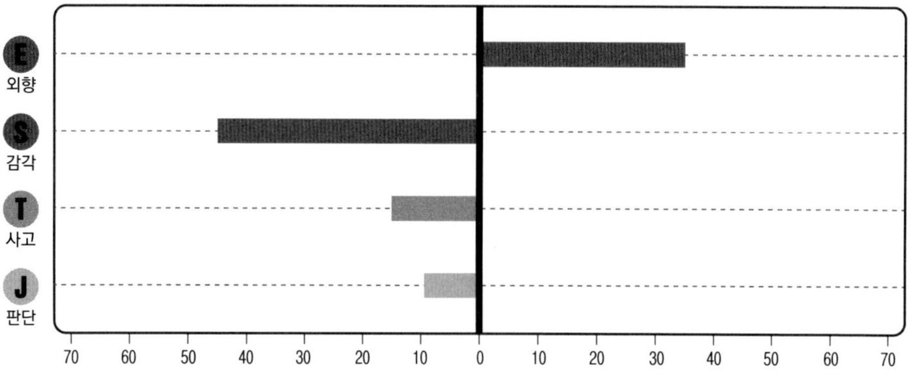

선호에 의한 당신의 유형	I	S	T	J
선호 환산 점수	35	45	15	P

5 상담자가 본 내담자 문제 이해

2남 중 막내로, 자신을 출산한 후 시름시름 앓던 어머니가 초등학교 1학년 때 사망하면서 어머니의 사랑을 거의 받지 못하고 자랐으며, 어머니를 대신하여 형이 헌신적으로 돌봐주어 고비 때마다 나쁜 길로 빠지지 않고 성장하였음. 하지만 최근 믿고 의지하던 형이 결혼하면서 어머니처럼 자신을 버릴 것 같아 불안해졌고, 형을 뺏어간 형수에 대한 미움으로 주변 사람들을 불신하고 관계가 악화됨. 어린 시절 어머니의 사망이 자신 때문이라고 탓하며 폭력을 행하는 아버지 밑에서 형과 비교되면서 자존감 저하와 열등감이 내면화되었고, 이에 대한 반동형성으로 과대망상과 공격성이 표출되면서 주변 사람들과 관계가 악화되고 기분이 불안정해짐. 정신과 3개월 입원치료 후 과대망상과 공격성은 다소 줄어들었으나 자존감이 낮고 약물 부작용으로 인해 의욕이 없는 상태로 지냄.

6 상담목표/전략

1) 상담목표

- 내담자가 자기 자신에 대한 전문가임을 알게 하여 자존감 향상
- 내담자의 성격 이면에 부정적으로 지배하고 있는 이야기를 해체시키고 문제 이야기를 분리시켜 부정성, 분노와 부적절한 기분 감소
- 내담자 이면에 존재하고 있었지만 잊고 있었던 대안적 이야기 구축으로 긍정적 정체성 확립으로 대인관계 능력 향상

2) 상담전략과 접근 방식

- 이야기치료식 접근 not-knowing posture를 취함으로써 내담자가 자기 자신에 대한 전문가임을 알게 하여 자존감을 높인다.
- 이야기치료를 활용하여 자신의 감정을 잘 지각하고 표현하도록 돕는다.

■ 이야기치료를 활용하여 내담자의 이야기 속에서 강점 · 자원을 찾아 알려준다.

■ 이야기치료를 활용하여 타인과의 긍정적인 성격차이를 인식하도록 하여 대인관계 능력을 높인다.

3) 회기별 계획

회기	주제	상담내용	시간(분)
1	오리엔테이션 지배적 이야기 중 문제 외재화 및 문제 결과와 영향력 탐구 및 독특한 결과 찾기	• 상담자 소개 및 내담자 자기 소개 • 상담이론 관련 소개 • 지배적 이야기 듣기(인생 곡선 활용 가능) • 현재 당면한 가장 힘든 문제 이야기 찾아 이름 붙이기 (문제 외재화) • 문제의 결과와 영향력 탐색하기 • 독특한 결과(반짝이는 사건) 찾기 및 영향력 탐색하기 • 과제: 독특한 결과 추가로 찾아오기, 자존감과 역기능적 충동성 설문지 체크해 오기	90
2	다른 독특한 결과들 영향력 탐구 및 스캐폴딩을 통한 대안적 이야기 구축	• 심리검사 결과 이해 • 다른 독특한 결과들과 영향력 탐색하기 • 스캐폴딩을 통해 평소 나의 가치와 긍정적 정체성 찾기 • MBTI 활용 자기 강점 굳히기, 가족과의 차이 알기 • 과제: 생태도를 통한 지지자원 생각해 오기	50
3	회원 재구성과 새로운 이야기 쓰기	• 생태도를 통한 나의 지지대상 탐색 및 나의 기여도 탐색 • 나의 미래 방향 다짐하기	50

[사례③ 양극성장애]

7 회기별 상담 시나리오

1) 1회기

회기 및 주제	1회기: 오리엔테이션 문제 외재화 및 영향력 탐구하고, 독특한 결과 찾기
상담내용	• 상담자 소개 및 내담자 자기 소개 • 상담이론 관련 소개 • 지배적 이야기 듣기(인생곡선 활용 가능) • 현재 당면한 가장 힘든 문제 이야기 찾아 이름 붙이기(문제 외재화) • 문제의 결과와 영향력 탐색하기 • 독특한 결과(반짝이는 사건) 찾기 • 과제: 독특한 결과 추가로 찾아오기, 자존감과 역기능적 충동성 설문지 체크해 오기
장소/시간	구미정신건강복지센터 상담실/90분

번호	사례관리자	대상자	사례관리자 치료적 의사소통기법
1	안녕하세요. 저는 상담사 나지원입니다. (자리를 안내하며) 이쪽으로 앉으세요.	(자리에 앉으며) 네. 감사합니다.	자기소개
2	(눈을 마주치며) 반갑습니다. 성함이 어떻게 되세요?	안정기라고 합니다.	개방적 질문
3	네, 안정기님! 오늘 어떤 이야기를 하고 싶어 센터에 방문하셨나요?	제가 정신과 치료를 받고 있는데 약을 먹으면 처지고 잠도 많이 오고 의욕이 없어지는 것 같아서 '이렇게 계속 약을 먹으면서 시간을 보내야 하나'?라고 생각이 들어요.	개방적 질문

4	현재 약물치료 중인데, 약 복용 후 졸리고 의욕이 없어 힘들다는 말씀이시군요.	네, 맞아요. 조울병이라고 하던데 요즘은 오히려 의욕도 없고 기분도 까라지고 아무것도 하고 싶지 않아요.	명료화
5	조울병이라는 진단을 받으셨군요.	(약간 격앙된 목소리로) 내가 일 때문에 스트레스를 많이 받아서 잠도 못 자고 밥도 못 먹고 힘들었는데 형과 형수도 가족이면서 내 편도 안 들어주고, 이해해 주지 않고 내가 잘못했다고 해서 너무 화가 나서 소리 지르고 했더니 정신병원에 처넣었어요.	반영
6	(차분한 목소리로) 안정기님이 일 때문에 많이 힘들었는데, 가족들에게도 이해받지 못했다고 생각하니 많이 속상하셨군요.	(상담자 말이 끝나기 무섭게) 제가 잘못한 부분도 있지만 형이면 제 편을 들어줘야 하는 것 아닌가요? 형이 결혼하더니 이상해졌어요.	명료화
7	(관심을 보이며) 형이 결혼하더니 이상해졌다는 것이 무슨 말씀인지 좀 더 자세히 말씀해 주세요.	어릴 때도 아버지한테서 맞으면서 자랐어요. 그나마 형이 있어서 나에게는 큰 힘이 되었는데 2년 전 형이 결혼을 했어요. 그러면서 형하고 멀어지는 것 같은 느낌을 받았고 그 때문에 형수가 이유 없이 싫었어요. 형수가 집에 오는 것도 싫었고 음식을 해 주는 것도 싫어서 그때부터 자주 화를 내고 폭력을 휘두르게 되었던 것 같아요.	구체화
8	안정기님이 형과 멀어지게 된 것이 형수 때문이라고 생각을 하셨군요.	그런 것 같아요. 그 당시는 왜 그런지 몰랐는데, 정신과 입원해서 계속 상담을 받다 보니 알게 되었어요.	반영
9	(대상자를 바라보며) 형이 안정기님과 멀어진 게 형수 때문이라는 걸 상담을 받다가 알게 되었다구요?	(빠른 말투로) 형은 나한테 어머니를 대신해 준 사람이에요. 어머니는 나를 낳을 때 많이 아팠고 거의 죽을 뻔하는 고비를 넘기면서 낳았다고 했어요. 그래서 아버지는 나를 미워했어요. 나 때문에 엄마가 죽을 뻔했으니까요. 어머니는 나를 낳고	재진술

		나서도 계속 시름시름 아팠어요. 집안일을 못 돌볼 정도로요. 그런데 시간이 지나 어머니가 암까지 걸려서 제가 초등학교 1학년 때 돌아가셨어요. 그 후 아버지는 나를 더 미워하게 되었고 술에 의지하고 술에 취하면 나를 때리고 옷을 벗긴 채 집 밖으로 내몰았어요.	
10	(안타까운 표정으로) 안정기님의 이야기를 들으면서 그 어린 나이에 얼마나 힘들었을까 생각하니 제 마음이 다 아프네요.	네. 그렇죠, 뭐. 지금은 지난 일이니까 이렇게 말할 수 있어요. 그런데 그때마다 형은 나를 챙겨 주고 보호해 주었어요.	공감
11	힘든 시절에 형이 큰 힘이 되었군요.	정말 형이 없었으면 못 살았을 것 같아요. 근데 아버지도 지금은 나에게 미안하다고 말해요. 제가 정신병원에 입원하고 나니까 자신 탓이라며 울면서 사과하더라고요.	반영
12	그런 아버지를 보면서 어떤 기분이 드셨나요?	뭐, 좋지만은 않았죠. (약간 격앙된 목소리로) 내 인생 파탄나고 나서 미안하다고 하면 뭐 합니까. 차라리 계속 미워할 수 있게 사과하지 말지 하는 마음도 있어요.	개방적 질문
13	아버지에게 사과를 받고 좋기도 했지만 한편으로는 화가 나기도 했다는 말씀이시군요.	그렇죠. '아버지도 이제는 늙었고 힘없으니까 그러시는구나.'하는 생각도 들어 안됐기도 하고… 처음부터 그러지 않았으면 내가 정신병에 걸리지는 않았을 텐데라는 마음도 들고… 잘 모르겠어요. 그냥 다 화가 났어요.	명료화
14	아버지 때문에 병이 생겼다는 생각이 들어 화가 나셨군요.	(풀 죽은 목소리로) 꼭 아버지 때문이라고 하기는 어렵지만… 이게 쌓이고 쌓여서 이렇게 된 것 같아요. (말이 빨라지며) 성인이 되면 집을 나오겠다는 다짐을 하고 참고 견뎠어요. 고등학교도 인문계 안 가고 기술을 배우려고 공고에 갔어요.	반영

		머리가 나빠서 공부는 잘 못 따라갔어도 손재주는 아버지 닮았는지 칭찬을 많이 받았어요. 고등학교 졸업하고 공장에 취직을 했는데, 주위 아저씨들이 대학가서 공부하라고 이런 일하기 아까운 재주를 가졌다고 하면서 부추겨서 다음 해 전문대학에 들어갔어요. 제 힘으로 돈 벌어서 학교도 졸업했구요.	
15	(밝은 표정으로) 안정기님은 다른 사람의 조언을 잘 듣고 실천하는 능력을 가지셨군요. 전문대학도 혼자 힘으로 졸업을 하시고 대단하십니다.	뭐, 대단한 건 아니고 형이 조금씩 도와주기는 했어요. 형한테 고맙죠. 말이라도 잘한다고 해 주고 용돈도 조금씩 주고… 그런 형한테 제가 몹쓸 짓을 했으니까 더 고개를 못 들고 살아요.	강점 칭찬
16	형한테 몹쓸 짓을 했다는 게 무슨 말인지 좀 더 구체적으로 이야기를 해 주세요.	고등학교 때부터 건달 친구들하고 어울려 다니면서 술, 담배하고 집에도 자주 안 들어가고 힘든 사춘기를 보냈어요. 그때마다 형이 나를 찾아와서 집에 데리고 갔어요. 그때마다 아버지는 나가서 죽어라는 말만 하고… 그런 소리 들으면 나는 더 미쳐버릴 듯이 날뛰었죠. 그렇게 지내다가 형은 공무원 시험에 합격해서 집을 떠났어요. 그런 형의 선택이 나는 '내가 싫어서 나로 인해 집안이 시끄러워지니까 형도 이제는 감당하기 싫어서 떠나는구나.' 하는 마음이 들었어요. 그런 마음이 주체할 수 없이 밀려들 때는 형이고 나발이고 눈에 뵈는 게 없고 막말을 쏟아붓고 술을 마시고 개망나니 짓을 하곤 했어요. 칼도 휘두르고 비싼 술집 가서 돈 쓰고 싸움도 하고 경찰서에 연행도 되고 카드값 연체시켜서 못 갚고 세워진 차 발로 차기도 하고 말도 못하게 나쁜 짓을 했죠. 그러면 뒷처리는 형이 다 했어요.	구체화

17	(고개를 끄덕이며) 아! 그런 일도 있었군요.	그러다가 2년 전에 형이 결혼한다고 형수를 데리고 왔는데 꼭지가 돌았죠.	경청 추임새
18	꼭지가 돌았다는 게 무슨 말이죠?	말 그대로 눈에 뵈는 게 없으니까 형이고 형수고 없는 거죠. 닥치는 대로 행동하게 되었죠. 형수도 나로 인해 마음을 많이 다쳐서 정신과 치료받는다고 하더라구요. 유산도 했었다고 하고… 미안하죠. 제가… 죽어서도 용서가 안될 거예요.	개방적 질문
19	그동안 자신이 한 행동 때문에 형이나 형수에게 미안한 마음이 드시는군요.	그렇죠. 이 모든 게 나 때문에 생긴 거고 형수가 뭔 잘못이 있어요. 우리 형한테 시집온 거밖에 없는데 불쌍하죠. 그런데도 어떤 때는 형수를 보면 형수가 죽이고 싶을 만큼 미울 때가 있어요.	반영
20	형수님을 죽이고 싶을 만큼 미운데도 불구하고 그래도 미안하고 불쌍한 마음도 동시에 가지는 건 보통 쉽지 않을 거 같은데… 안정기님은 어떠세요?	저도 안 그러고 싶은데 왜 그런지 모르겠어요. 나로 인해서 가족들이 힘들어 하는데 제가 더이상 가족이라고 남아 있을 이유가 있겠습니까? 그래서 차라리 죽어 없어져 버리면 남은 가족들이라도 행복할 수 있지 않겠나 하는 마음이 들어요.	반영
21	가족들의 행복을 위해서 안정기님이 죽어 없어져 버리는 것이 낫다고 생각할 정도로 괴로우시군요.	그렇죠. 제가 할 수 있는 게 없으니까요. 나도 안 그러고 싶은데 참다가 참다가 한 번씩 터져버리니까요.	명료화
22	그렇군요. 참다가 참다가 한 번씩 터진다고 하셨는데 좀 더 자세하게 설명해 주시겠어요?	나도 매일 그러는 것은 아니에요. 나도 나름대로 참고 조용히 살려고 노력하고 있어요. 그런데 갑자기 기분이 붕 뜨면 빡 터지더라구요. 나도 모르게… 순간 눈에 보이는 건 다 발로 차고 깨부수고 던져버려요. 입에서는 욕이 막 쏟아지고 감정을 주체할 수가 없어요. 평소에는 술도 안 마시는데 어쩌다 그런 날은 술 마시다가도 시비가 붙으면 둘 중 하나는 죽어야 끝이 난다는 생각이 들 정도로 이성을 잃어요. 한마디로 미친 거죠. 뭐 다른 말이 뭐 필요하겠어요.(한숨)	구체화

23	그렇군요. 정리를 해 보자면 이런 안정기님의 행동이 결국 가족들에게 고통을 주는 것이 되고 또한 안정기님 자신을 힘들게 한다는 말씀이시군요.	네. 맞습니다.	요약
문제 외재화하기			
24	자, 그러면 이제부터 안정기님을 힘들게 하는 그 현재 문제에 간단한 단어로 된 이름을 붙여 보려고 하는데… 어떠세요?	(의문스러운 듯) 문제에 이름을 붙여요? 그게 무슨 소리예요.	이야기치료 정보 제공/ 개방적 질문
25	이야기치료라고 하는 상담기법인데… 안정기님을 힘들게 하는 문제에 이름을 붙여서 안정기님과 분리한 후 그 문제와 안정기님의 관계를 탐색해 보는 방법이에요.	(관심을 보이며) 어떻게 저와 문제를 분리할 수 있어요? 내가 문제인데…	이야기치료 정보 제공
26	이 방법을 문제의 외재화라고 하는데 사람이 문제가 아니라 문제가 문제라고 보고, 사람과 문제를 떼어 놓고 문제만을 가지고 이야기를 나누는 거예요. 조금 전에 안정기님이 자신이 문제라고 생각하고 더 이상 자신이 할 수 있는 것이 없다고 말씀을 하셨잖아요?	네, 제가 이성을 잃고 가족들을 괴롭히는데 제가 문제죠.	이야기치료 정보 제공
27	맞아요. 대부분의 사람들은 자신이 문제라고 생각하여 어떻게 할 수 없는 지경에 처하는데 문제가 사람으로부터 분리되어 존재하면 문제 해결을 위한 새로운 선택의 여지가 생기게 됩니다.	(의심스럽다는 듯이) 그게 가능할까요?	이야기치료 정보 제공
28	안정기님이 나름대로 참고 조용히 살려고 노력하는데 문제라는 놈이 안정기님에게 붙어 있어서 안정기님 마음대로 안된다고 생각해 보세요. 그럼 그놈이 떨어져 나가면 안정기님은 조용히 잘 살 수 있는 거지요.	(고개를 끄덕이며) 아… 그렇게 되면 좋겠네요.	이야기치료 정보 제공

29	그럼, 그놈에게 무엇이라고 이름을 붙이면 좋을까요?	아~ 글쎄요… 나도 예측할 수 없고 언제 터질지 모르니까… '폭탄'으로 할게요.	이야기치료 문제 외재화 질문1
30	네, 그럼 이제부터 안정기님을 힘들게 하는 그놈을 '폭탄'으로 부를게요.	(웃으며) 좋아요.	이야기치료 문제 외재화 정보 제공
'폭탄'이라는 놈(문제 외재화)의 결과와 영향력 탐색하기 1. 경험에 가깝게 문제 정의하기 2. 문제의 결과 탐색하기 3. 문제의 영향력 평가하기			
31	(책상 위에 포스트잇을 가리키며) 이 '폭탄'이란 놈은 어떻게 생겼나요?	(곰곰히 생각해 보다) 시커먼데 형체를 잘 설명할 수가 없어요.	이야기치료 문제 외재화 질문2
32	형체를 알 수 없는 시커먼 놈이군요. 그 놈은 주로 어떨 때 찾아오는가요?	수시로 찾아와요.	이야기치료 문제 외재화 질문3
33	그럼 '폭탄'이란 놈은 안정기님의 몸 어디에 붙어 있을까요?	머리, 눈, 입, 손, 발, 가슴…	이야기치료 문제 외재화 질문4
34	(펜과 포스트잇을 주며) 포스트잇에 적어서 '폭탄'이 붙어 있다고 생각되는 곳에 붙여 보세요.	네. (포스트잇에 '폭탄'이라고 적고 머리, 눈, 입, 손, 발, 가슴에 붙임)	이야기치료 문제 외재화 정보 제공
35	'폭탄'이 안정기님 몸 여러 군데 붙어 있군요. '폭탄'이 몸에 붙어 있는 지금 상태의 기분은 어떠세요.	아~ 좀 안 좋아요. 뭐랄까 곧 터질 것 같은 느낌이 든다고 해야 하나? 아니면 답답하고 기분이 갑자기 가라앉는 것 같아요. 이게 뭐라고… (말끝을 흐리며)	개방적 질문
36	'폭탄'이 터질 것 같아 답답하시군요. 그럼 이제는 몸에 붙어 있는 '폭탄'을 하나씩 떼어 내서 앞쪽 책상에 붙여 보세요.	네, 얼른 떼고 싶네요.(포스트잇을 하나씩 떼어 낸다)	이야기치료 문제 외재화 정보 제공

37	안정기님 몸에서 떨어진 '폭탄'을 쳐다보니 어떤 기분이 드세요?	네… 무슨 의식 같은 건지 모르겠지만 이상하게도 기분이 다시 원래대로 돌아온 것 같아요.	개방적 질문
38	(웃으며) '폭탄'이 제거되니 기분이 다시 돌아왔군요. 지금부터는 저와 안정기님 몸에서 떨어진 이 '폭탄'을 보면서 이야기를 나누어 볼게요.	(웃으며 고개 끄덕임) 네.	이야기치료 문제 외재화 정보 제공
39	'폭탄'이라는 놈이 처음으로 안정기님에게 나타난 때는 언제인가요?	형이 결혼한다고 할 때부터요. 한 2년 된 것 같아요.	이야기치료 문제 외재화 질문5
40	형이 결혼할 때쯤이군요. '폭탄'이라는 놈은 안정기님을 어떻게 힘들게 하나요?	그냥 미친놈이 되어 버려요. 사리분별력이 없어지고 해야 할 것, 하지 말아야 할 것 등을 구분도 못 하고…	이야기치료 문제 외재화 질문6
41	그렇군요. '폭탄'이라는 놈은 언제 가장 힘이 센가요?	형이랑 형수가 집에 왔을 때요.	이야기치료 문제 외재화 질문7
42	'폭탄'이라는 놈은 어떤 상황에서 가장 큰 힘을 발휘하나요?	둘의 다정한 모습을 보면 가슴에서 뭔가 스물스물거리더니 괜히 짜증이 나고 신경질적으로 변하는 것 같았어요.	이야기치료 문제 외재화 질문8
43	형이랑 형수의 다정한 모습이 안정기님의 마음을 불편하게 했군요. '폭탄'이라는 놈은 안정기님이 자신을 어떻게 생각하도록 만들었나요?	부모도 절 싫어하는데 형이라고 좋아할리 없지요. 난 그런 놈이고 재수없는 놈이라는 생각이 들었어요.	반영/ 이야기치료 문제 외재화 질문9
44	그럼 '폭탄'이라는 놈은 안정기님이 어떻게 행동하도록 만들었나요?	말이 곱게 안나가죠. 그러다 보면 말싸움이 결국은 폭력으로 이어지고 끝이 안 좋죠.	이야기치료 문제 외재화 질문10
45	그렇게 끝이 안 좋아지면 어떻게 되나요?	집 나가서 술 마시고 싸우고 다치고 일도 못 나가고 그런 나한테 또 좌절하게 되죠. 그럼 그때부터는 막 나가게 되죠.	개방적 질문

46	(워크시트를 주며) 그럼 '폭탄'이라는 놈은 안정기님을 다른 사람에게 어떤 사람으로 보이게 했는지 한번 적어 볼까요?	(잠깐 생각하다 용지에 적는다)	이야기치료 문제 외재화 정보 제공

문제의 영향력 탐색하기 워크시트 작성(5분 소요)

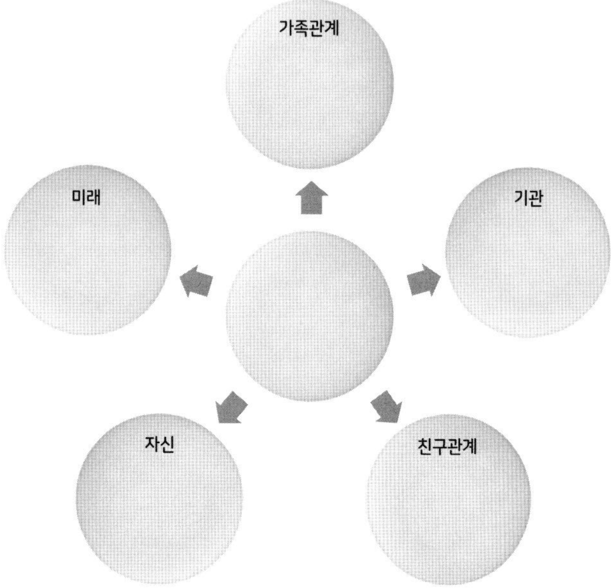

47	'폭탄'이라는 놈은 안정기씨의 가족관계에 어떤 영향을 끼치고 있나요?	가족들에게는 아마도 태어나지 말았어야 했던 아이, 아니면 그냥 아무 데서나 죽었다고 연락오면 좋아할 것 같다는 생각이요.	이야기치료 문제 외재화 질문11
48	'폭탄'이라는 놈은 안정기씨의 찬구관계에 어떤 영향을 끼치고 있나요?	지금 연락하는 친구들은 거의 없어요. 만나면 늘 술 마시고… 취해서 싸우고 하다 보니 끝이 안 좋았어요. 그러다 보니 자연스럽게 연락을 안 하게 되었어요.	이야기치료 문제 외재화 질문12
49	'폭탄'이라는 놈은 안정기씨의 직장에 어떤 영향을 끼치고 있나요?	사회생활하면서 만나는 사람들은 나를 예의바르고 정직하고 책임감 있다고 좋아해요. 나의 이런 모습을 모르거든요.	이야기치료 문제 외재화 질문13

50	사회생활에서는 예의 바르고 정직하고 책임감 있는 사람이군요. 어떻게 그렇게 할 수 있었나요?	밖에서 만난 사람은 제 본 모습을 잘 모르잖아요. 잘 하려고 하는 모습만 알고 있고… 열심히 하니까 인정도 받고… 그래서 최선을 다해서 살았어요.	강점 칭찬/ 개방적 질문
51	그렇게 최선을 다해 살아온 안정기님을 향한 '폭탄'이라는 놈의 계획은 무엇일까요?	제가 태어날 때 어머니가 죽을 뻔했고 그 이후로 어머니는 계속 아팠고 그러다가 결국 암으로 돌아가셨어요. 형도 이제는 나를 지켜주지 못해요. 형수도 있고 앞으로 조카도 태어나고 하면 자기 가정을 지켜야 하니까 나처럼 속만 섞이는 동생이 뭐가 이쁘겠어요. 아버지도 늙으시고 돌아가시고 나면 결국 나는 이 세상에 혼자가 되겠죠. 정신과 병원이나 들락거리면서 살거나 죄책감에 죽음으로 몰아가겠죠.(한숨)	이야기치료 문제 외재화 질문14
52	'폭탄'이라는 놈의 계획은 안정기님이 혼자가 되거나 죽도록 만드는 거군요.	(잠깐 생각해 보더니) 그렇네요.	요약
53	'폭탄'이라는 놈은 안정기씨의 미래에 어떤 영향을 끼치고 있나요?	나와 형을 멀어지게 하고 나와 나의 소중한 가족을 멀어지게 하는 것 같아요.	이야기치료 문제 외재화 질문15

독특한 결과(unique outcome, 반짝이는 사건)와 영향력 탐색하기

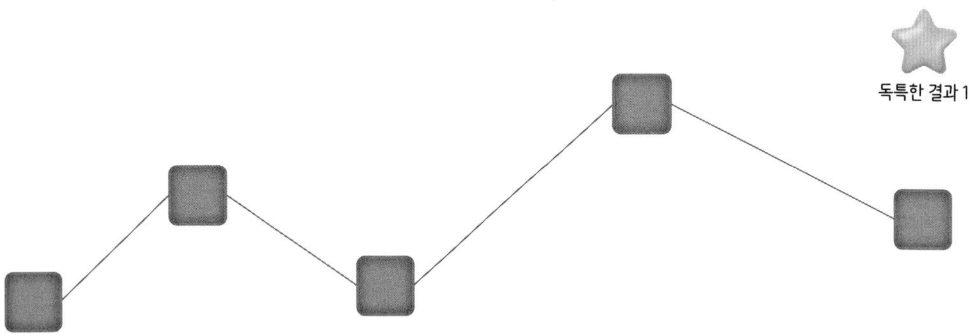

54	(약간 반전의 호기심 어린 표정으로) 그럼, 혹시 '폭탄'이라는 놈이 안정기님의 몸에 붙기 전에 그것을 정지시킨 경험이 있었나요?	(생각에 잠겨서) 음… 한번은 집에서 TV를 보고 있는데 형이 연락도 없이 집에 온 거예요. 혼자 있고 싶었는데 형이 들어오니까 갑자기 짜증이 올라왔어요. 한 소리 하려고 방문을 열고 나왔는데 형이 팔을 다쳤는지 깁스를 하고 있는 걸 보게 되었어요. 순간 올라왔던 짜증이 가라앉고 걱정이 앞서더라구요. 그래서 그날은 조용히 있었던 것 같아요.	이야기치료 독특한 결과 질문1
55	아… 그날은 '폭탄'이 폭발하지 않았군요.	네. 형에게 다가가서 팔은 왜 이렇게 된거냐고 물었더니 운동하다가 다쳤다고 하더라구요. 한 2주 정도 깁스를 하고 있어야 된다고 했던 것 같아요.	유머
56	무엇이 안정기님을 '폭탄'이라는 놈의 함정에 빠지지 않도록 한 것 같나요?	형이 절 지켜준 만큼 나도 형을 지켜줘야 한다고 생각했어요.	이야기치료 독특한 결과 질문2
57	와! 어떻게 그런 생각을 할 수 있었나요?	형은 어린시절 아버지의 폭력과 학대로부터 절 보호해 주었어요. 전 늘 형에게 의지하면서 살아왔어요. 형이 없으면 무서웠고 아버지가 언제 터질지 모르니까 항상 긴장하면서 지냈어요. 어느 날에 아버지가 절 때리는 걸 막으려고 하다가 형이 다친 적이 있는데, 그때 전 제가 맞은 것보다 더 심하게 울었어요. 형에게 미안하고, 모든 것이 다 나 때문이라고 생각을 했어요. 그때 전 형이 다치는 것을 못 견디게 힘들어했던 것 같아요. 그래서 아마도 내가 형을 지켜줘야겠다는 생각을 했었던 것 같아요.	개방적 질문/ 강점 칭찬
58	어린 시절에도 형이 다치면 안정기님이 형을 지켜줘야 한다는 마음을 가지고 있었군요.	네, 그랬던 것 같아요.	반영

59	이런 것을 이야기치료에서는 반짝이는 빛나는 사건이라고 합니다.	반짝이는 빛나는 사건이요?	이야기치료 독특한 결과 정보 제공
60	네. '폭탄'이라는 놈의 지배를 받지 않았고 안정기님 스스로 반짝반짝 빛났던 순간을 말합니다.	아… '폭탄'이 터지지 않았던 때를 말씀하시는 건가요?	이야기치료 독특한 결과 정보 제공
61	맞아요. 잘 이해하셨어요. 이해력이 좋으시네요.	(머쓱해하며) 아… 그래요?	칭찬
62	지금까지 우리가 '폭탄'이라는 놈에 대해서 이야기했는데 어떠셨나요?	재미있었어요. (웃으며) 그리고 '폭탄'의 계략을 알게 되었어요.	개방적 질문
63	그리고 '폭탄'이 찾아오지 않은 때도 이야기해 보았죠?	(신기한 듯) 네, 최근에는 힘들어 잊고 있었는데 그런 일도 있었네요.	요약
64	맞아요. 현재 힘들면 과거에 반짝반짝 빛났던 순간을 잊고 지낼 수도 있어요. 안정기님이 지금은 잘 기억하지 못할 수도 있지만 지금까지 살아오면서 이런 반짝이는 빛나는 사건들이 더 있을 거라 생각합니다.	(의아해하며) 정말 그럴까요?	이야기치료 독특한 결과 정보 제공
65	당연하죠. 오늘 집에 가서 이것에 대해 좀 더 생각해 보고 오시겠어요. 다음 시간에 이 반짝반짝 빛났던 순간들에 대해 좀 더 이야기해 보도록 해요.	네, 이렇게 털어놓고 나니 속도 좀 후련해진 것 같아요.	이야기치료 독특한 결과 정보 제공
66	그랬군요. 속이 후련해졌다니 다행이네요. 다음 주 화요일 오후 3시에 여기서 다시 만나요.	알겠습니다.	
67	아… 그리고 약물로 인해 졸린 것은 약물 부작용으로 시간이 조금 더 지나서 약물이 몸에 맞아지면 덜 졸릴 거예요. 다음 상담 때까지 좀 더 지켜본 후 다시 이야기해요.	(웃으며) 네~ 이야기하다보니 그 문제는 까먹고 있었네요. 감사합니다.	정보 제공

68	(자존감, 역기능적 충동성 설문지를 건네며) 그리고 상담을 통해서 안정기님이 좋아지고 있는지 평가해 보기 위해 몇 가지 검사를 해 보려고 합니다. 간단한 설문지니 집에서 해서 다음 시간에 가져오시면 됩니다.	네, 잊어버리지 않을지 모르겠네요. 요새 약 먹고 깜빡깜빡해서요.	정보 제공
69	제가 상담 하루 전에 문자로 알려드릴게요. 조심해서 돌아가세요.	네. 안녕히 계세요.	

2) 2회기

회기 및 주제	2회기: 다른 독특한 결과 영향력 탐구 및 스캐폴딩을 통한 대안적 이야기 구축
상담내용	• 심리검사 결과 이해 • 다른 독특한 결과들과 영향력 탐색하기 • 스캐폴딩을 통해 평소 나의 가치와 긍정적 정체성 찾기(대안적 이야기 구축) • MBTI 활용 자기 강점 굳히기, 가족과의 차이 알기 • 과제: 생태도를 통한 지지자원 생각해 오기
장소/시간	구미정신건강복지센터 상담실/50분

번호	사례관리자	대상자	사례관리자 치료적 의사소통기법
1	안녕하세요, 안정기님.	네, 안녕하세요.	
2	오늘은 상담 두 번째 시간인데, 지난 한 주간 어떻게 지내셨나요?	네, 그냥 지냈어요. 기분은 여전히 다운되고 의욕도 없구요.	개방적 질문
3	아… 기분이 처져서 힘드셨군요. 그럼에도 불구하고 이렇게 상담시간을 맞춰서 나와 주셨네요.	약속을 했으니까 지켜야죠.	재진술/칭찬
4	안정기님은 자신이 한 약속에 대해서는 지켜야 된다고 생각을 하시는군요. 그래서 설문지도 잊지 않고 잘 챙겨 오셨네요.	네, 당연하죠. (웃음)	칭찬
5	기분이 좋지 않은 상태에서 약속을 지키는건 쉽지 않았을 텐데… 안정기님은 책임감이 강하신 것 같아요.	(머리를 긁적이며) 아… 그런가요?	칭찬
6	설문지 결과 자존감은 평균에 비해 낮고, 역기능적 충동성은 다소 높네요. 양극성장애라는 병 때문이기도 하지만, 이러한 부분들이 안정기님이 욱하거나 기분조절이 어려워 사람들과의 관계를 나쁘게 하는데 영향을 미치는 것으로 보여요. 상담을 통해서 이러한 부분이 좋아질 수 있을 겁니다.	네~ 그럴 수 있으면 좋겠네요.	정보 제공

비계 설정(scaffolding) 및 긍정적 정체성 확인

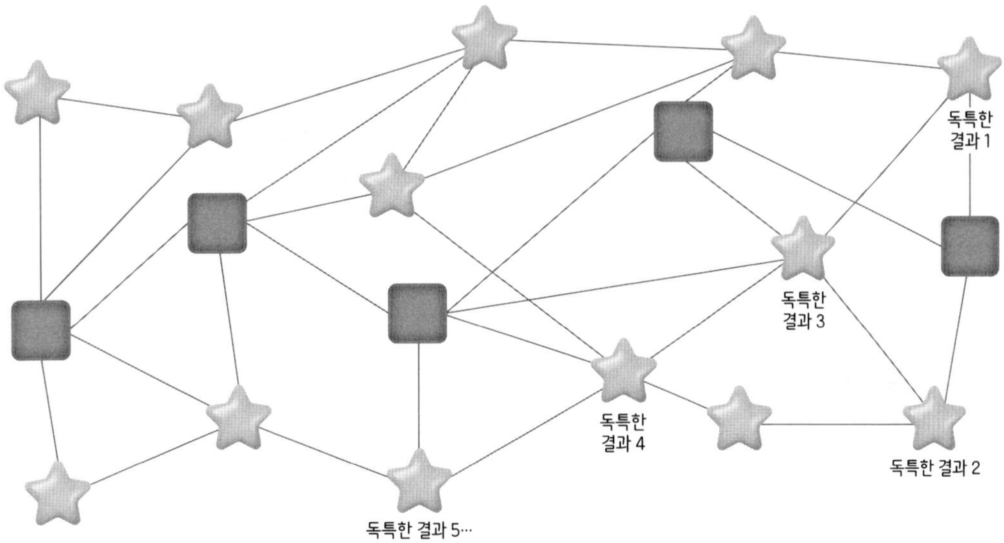

7	지난주에 집에서 반짝반짝 빛나는 사건에 대해 좀 생각해 보고 오라고 했는데, 기억나세요?	예… 생각은 해 봤는데 잘 모르겠어요.	과제에 대해 이야기 나누기
8	그러시군요. 지난 시간에 형이 아픈 모습을 보았을 때 '폭탄'이라는 놈의 지배를 받지 않았다고 했는데… 혹시 형과의 추억 중에 비슷한 경험이 또 있었나요?	아… 형 이야기하니 생각났는데… 사실 사춘기 시절에 반항이 한창 늘었을 때 학교 담임 선생님도 절 포기한다고 하면서 절 통제하지 못했는데 형이 나에게 "이제 그만해라."라고 한 마디 하면 정신이 번쩍 들고 "내가 이러면 안 되지." 하고 정신차렸던 적이 몇 번 있었던 것 같아요. 그래서 고등학교까지 무사히 졸업을 할 수 있었어요.	이야기치료 비계 설정 질문1
9	그랬군요. 어떻게 그렇게 정신을 차릴 수가 있었죠?	제가 누구 말도 안 듣는데, 형 말이라면 죽는 시늉까지 했어요. 그때 형이 "네가 지금은 이래도 시간이 지나면 정신차리고 살 날이 올 거다."라고 했어요.	개방적 질문

10	담임선생님도 통제하지 못할 정도였는데 몇 살 차이 나지도 않는 형은 어떻게 안정기님이 정신차리고 살 날이 올 거라는 것을 알고 있었을까요?	글쎄요. 가족이라서 그런 게 아닐까요?	
11	단순히 가족이어서 그렇게 믿었을까요? 안정기님의 어떤 행동이 형에게 그런 믿음을 줄 수 있었을까요?	그건 잘 모르겠는데… 그때 그래도 고등학교는 졸업해야 굶어 죽지는 않겠다는 생각을 했던 것 같아요.	이야기치료 긍정적 정체성 질문1
12	한창 반항하던 사춘기에 어떻게 그런 생각을 할 수 있었죠?	글쎄요. 그냥 생존 본능이랄까…	개방적 질문
13	안정기님이 중요하게 생각했던 혹은 가치있게 생각했던 것이 무엇이었기에 그런 행동을 할 수 있었을까요?	형에게 짐이 되고 싶지 않았어요. 형이 나로 인해 다치거나 마음이 아프면 안된다고 다짐을 했었던 것 같아요. 아버지와 어머니는 절 미워하고 재수없다고 했지만 형은 나에게 유일한 보호자였어요.	이야기치료 긍정적 정체성 질문2
14	그걸 어떻게 알게 되었나요?	제가 형을 힘들게 하면 형도 절 떠날지도 모른다는 불안감도 있었던 것 같아요. 보호자라고 평생 같이 있어 줄 수는 없잖아요. 형도 형의 인생이 있으니까… 그래서 제 스스로 강해지려고 했었어요. 형이 나에게 덜 신경쓰도록 하는게 형을 편안하게 해 주는 것이라고 생각했고, 그렇게 행동하려고 노력했던 것 같아요.	개방적 질문
15	그런 행동이 지난 시간에 말한 폭탄과 관련된 행동인가요?	아니요. 그건 폭탄과는 다르죠.	명료화
16	그러면 어떤 거지요? 어떤 행동이라고 할 수 있을까요?	글쎄요? 생각해 보지 않았는데… (잠시 생각하다가) 형을 위하는 행동?	이야기치료 긍정적 정체성 질문3
17	형을 위하는 행동? 그걸 뭐라고 부르면 좋을까요?	다른 사람에 대한 배려?	이야기치료 긍정적 정체성 질문4

18	안정기님의 형을 편안하게 해 주려고 했던 행동이 배려라는 말과 잘 어울린다는 말씀이군요.	예… 뭐 그런 거 같기도 하네요.	명료화
19	그럼 안정기님이 중요하게 여기는 게 뭐라는 생각이 드세요?	제 주변 사람이 힘들지 않는 것…	이야기치료 긍정적 정체성 질문5
20	그렇군요. 안정기님 주변 사람이 힘들지 않는 것과 관련된 다른 이야기가 혹시 더 있을까요?	음… 글쎄요…	이야기치료 비계 설정 질문2
21	어떤 이야기도 괜찮습니다. 안정기님이 살아오면서 주변 사람들이 힘들지 않기를 바라면서 했던 행동들 이야기라면 어떤 것도 괜찮습니다.	음~ 어머니가 돌아가시고 얼마 지나지 않아서 아버지가 술을 마시고 형과 나를 집에서 내쫓았었던 적이 있었어요. 그때 형이랑 버스를 타고 외할머니 집에 찾아 갔었어요. 그때 외할머니가 맨발로 우리를 맞아 주셨어요. 어떻게 왔는냐고 하시면서 방 안으로 데리고 들어갔어요. 우리는 울면서 집에서 쫓겨났다고 하고 외할머니하고 살고 싶다고 했어요. 그날 밤 외할머니집에서 자고 다음날 외할머니와 함께 집으로 돌아왔어요. 그때 외할머니는 아버지에게 당부하셨어요. 그래도 자네 아들들인데 잘 키워달라고 하셨죠. 그때부터 전 아버지가 나가라고 해도 문 밖에 있다가 아버지가 잠들면 들어가곤 했어요. 어머니도 없고 아버지도 없으면 고아가 되잖아요. 어린 마음에 그래도 고아가 되는 건 싫었어요.	이야기치료 비계 설정 질문3
22	(고개를 끄덕이며) 그런 일이 있었군요.	초등학교 반 친구 중에 보육원에 살고 있는 친구가 있었어요. 그 친구를 향해 다른 친구들이 엄마, 아빠 없다고 놀리는 모습을 봤어요. 나도 친구들로부터 그런 놀림을 받게 될까 봐 무서웠어요.	반영
23	네… 그 일이 '폭탄'과 어떤 관련이 있을까요?	나는 그 친구와 아주 친하지는 않았지만 다른 친구들이 놀리거나 때릴 때 말려줬어요. 괴롭히지 말라고 하면서요.	이야기치료 비계 설정 질문4

24	어떻게 그렇게 할 수 있었나요?	사실 나도 어머니가 없었잖아요. 아버지도 매일 술 마시고 때리고요. 그래서 그 친구의 아픈 마음을 알 것 같았어요. 그 친구는 나보다 더 불쌍하다고 생각했어요. 나는 나를 지켜주는 형이라도 있는데 그 친구는 아무도 없잖아요. 그래서 제가 그 친구를 조금이나마 지켜 주고 싶었던 것 같아요.	이야기치료 비계 설정 질문5
25	지켜주고 싶었다? 그건 조금 전에 이야기했던 "주변 사람이 힘들지 않는 것" 그것과 비슷한 이야기인가요? 아님 다르게 부를 수 있을까요?	비슷한 이야기인 것 같아요.	구체화
26	혹시 이후에도 "주변 사람이 힘들지 않는 것"과 관련된 일이 더 있었나요?	첫 직장에서 반장님께서 제가 일한 것을 보시더니 잘 한다고 칭찬해 주셨어요. 반장이라고 하면 진짜 베테랑이시거든요. 그런 분은 쉽게 젊은 사람을 인정 안 해 주는데 나에게는 믿고 맡겨도 되겠다고 하시면서 잘 해 주셨어요. 그래서 나도 더 열심히 일했던 것 같아요. 그리고 일하면서 만난 형님들도 나의 실력을 알고 좋은 일자리 있으면 나를 소개시켜 주면서 보증수표라고 말해 줘요.	이야기치료 비계 설정 질문6
27	이 상황은 "주변 사람이 힘들지 않는 것"과 비슷한 이야기인가요? 아님 다르게 부를 수 있을까요?	글쎄요? 그냥 생각나서 이야기한 건데… 제가 맡은 일에 최선을 다하는 것, 믿고 맡길 수 있다는 믿음을 주는 것도 주변 사람들을 도와주는게 아닐까요?	구체화
28	아, 자신의 일을 잘 해냄으로써 다른 사람이 힘들지 않게 하는 것이라는 말씀인 것 같은데. 맞나요?	네, 선생님 말씀이 맞아요.	명료화
29	아, 그러셨군요. 지금까지 형을 편안하게 해 주는 것, 반 친구를 지켜 주었던 것, 직장에서 열심히 일했던 것에 대해 이야기했는데, 이런 행동을 모두 한꺼번에 생각해 본다면 결국 무엇을 의미하는 걸까요?	무슨 말씀이세요?	요약

30	만약 그런 행동들이 안정기님의 인생관이나 소신을 보여 주는 거라면 안정기님이 가지고 있는 소신은 한마디로 뭐라고 할 수 있을까요?	글쎄요, 책임감 강하고 다른 사람을 배려하여 주변 사람이 힘들지 않게 하는 사람?	이야기치료 긍정적 정체성 질문6
31	네, 안정기님은 원래 책임감 있고 다른 사람을 배려해 주는 사람이었군요.	네, 그런 거 같아요.	반영
32	다행이에요. 지금까지 안정기님의 삶에서 반짝반짝 빛나는 순간들을 찾아보았는데요. MBTI 성격유형 검사를 통해 성격유형을 알아보고 성격적으로 어떤 강점이 있는지 찾아보려고 합니다.	MBTI 검사요? 들어 본 것 같긴 한데···	MBTI 정보 제공
33	네~ 요즘 많은 사람들이 관심을 가지고 있는 검사인데 자신에 대한 이해와 타인에 대한 이해를 높여 인간관계에 도움이 많이 되는 검사입니다.	아··· TV에서 연예인들이 이야기하는 것 많이 본 것 같아요. 해 볼게요.	MBTI 정보 제공

MBTI 검사 및 채점(20분 소요)

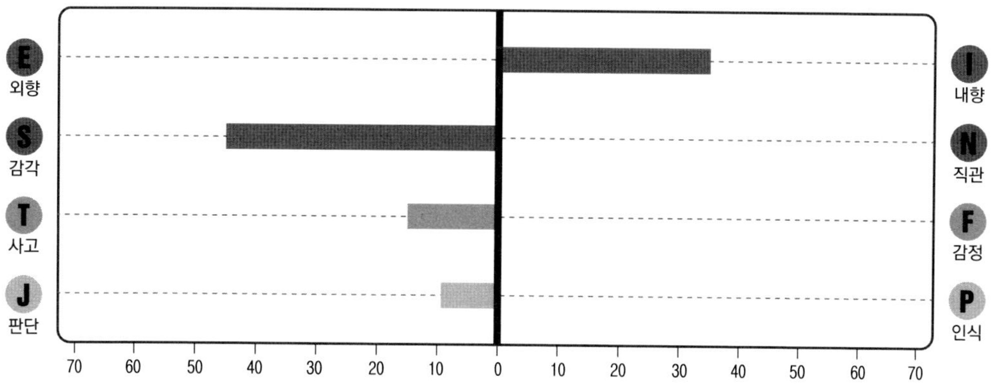

선호에 의한 당신의 유형	I	S	T	J
선호 환산 점수	35	45	15	P

34	안정기님의 성격유형은 세상의 소금형으로 나오셨네요. 검사지에 적힌 특징을 읽어 보시겠어요?	네, 세상의 소금형으로… 조용하고 신중하며, 철나함과 신뢰성으로 좋은 결과를 얻는다. 구체적이고, 사실적이며, 현실적이고 책임감이 강하다. 자신의 일, 가정, 삶의 전부를 스스로 관리하여 이끌어 나갈 때 기쁨을 얻는다. 전통과 성실을 가치 있게 여긴다.	MBTI 정보 제공
35	어떤 면이 평소 안정기님의 성격과 비슷한 것 같나요?	네, 검사지에 적힌 내용이랑 많이 비슷합니다. 원래 나의 성격이 이랬던 것 같은데… 전 조용하고 신중하고… 근데 요즘은 정반대로 행동하고 있으니까 많이 힘들었던 것 같네요.	개방적 질문
36	그러시군요. 그럼 이번에는 안정기님의 강점을 검사지를 보고 한번 말해 볼까요?	나의 강점은 성실함, 보증수표, 책임감, 약속 잘 지키기, 정의로움 등인 것 같아요.	강점 강화
37	앞에서 삶에 대해 이야기했던 부분과 비슷한 부분이 많네요.	신기하게도 그렇네요.	칭찬
38	오늘 한 이야기로 미뤄 봤을 때 안정기님은 인생을 어떤 가치로 일관되게 살아온 거 같아요?	형이 있어서 그런 형에게 보답하겠다는 마음으로 살았던 것 같아요. 내가 성공해서 형을 잘 살게 해 주고 싶었어요.	이야기치료 긍정적 정체성 질문7
39	안정기님의 신념은 무엇이었나요?	신념요… 글쎄요… 열심히 살자라는 것밖에 잘 모르겠어요. 열심히 돈 벌어서 형도 잘 살고 나도 잘 살면 최고의 행복이죠. 아버지도 나이가 들고 힘이 약해지니까 의지할 때라고는 저희 형제뿐이잖아요. 다 같이 행복했으면 좋겠어요.	이야기치료 긍정적 정체성 질문8
40	그것이 안정기님의 희망과 꿈, 기대였을까요?	희망과 꿈 이런 건 모르겠어요. 하지만 지금 기분으로는 엄청 자신감이 올라가고 다시 열심히 살 수 있을 것 같은 기대감으로 가슴이 벅차오르는 것을 느껴요.	개방적 질문

41	네~ 자신감이 생겼다니 저도 기분이 좋아지네요.	감사합니다.	공감
42	오늘 상담은 여기까지 마치겠습니다. (생태도 활동지 주며) 다음 주에는 안정기님 주변 지지자원을 찾아보려고 하는데, 그림에 해당하는 것들에 대해 생각해 보고 오세요.	네, 수고하셨습니다.	과제 제시
43	오늘도 수고하셨고요. 다음주에 뵐게요.	안녕히 계세요.	

3) 3회기

회기 및 주제	3회기: 회원 재구성과 새로운 이야기 쓰기
상담내용	• 생태도를 통한 나의 지지대상 탐색 및 나의 기여도 탐색 • 나의 미래 방향 다짐하기 • 자존감, 역기능적 충동성 설문지 재확인
장소/시간	구미정신건강복지센터 상담실/50분

번호	사례관리자	대상자	사례관리자 치료적 의사소통기법
1	안녕하세요, 안정기님? 어서 오세요!	네, 안녕하세요.	
2	한 주 동안 어떻게 지내셨어요?	네, 그냥저냥… 뭐. 새로운 시도를 해 보기는 했어요.	개방적 질문
3	어떤 일이 있었을까요?	평소 같으면 아버지하고 말도 안 하고 내 방에서 시간을 보내는데, 지난주에는 아버지하고 같이 밥 먹었어요.	개방적 질문
4	아버지와 함께 식사를 했다구요? 조금 더 이야기해 주세요.	남들 집은 별것도 아닌데 저희 집은 같이 밥 한끼 먹는 것도 어색하고 서로 눈치를 보게 되더라구요. 그래서 제가 먼저 식사를 차려 놓고 아버지한테 식사하자고 했어요. 밥 먹는 동안 서로 나눈 이야기는 없지만 분위기는 이전과 다른 것을 느꼈어요.	재진술/ 구체화
5	어떻게 그렇게 할 수 있었나요?	집에 돌아가서 혼자 곰곰이 생각을 해 봤어요. 저는 그동안 제가 한 짓 때문에 가족들이 상처받고 다시는 돌이킬 수 없다고 생각을 했었거든요. 그런데 지난 시간 상담을 받고 내가 문제가 아니라는 것을 찾을 수 있었잖아요. 그래서 나도 달라져 보자라는 마음이 들었어요.	칭찬/ 개방적 질문
6	와! 두 번 상담만에 그렇게 마음을 먹는 게 쉽지 않은데, 역시 안정기님은 이해력이 빠르신 데다 실천도 잘 하시는군요.	그래서 내친 김에 형과 형수를 집에 초대해서 저녁을 같이 먹었어요. 제가 형수에게 그동안 했던 나쁜 행동들에 대해 진심으로 사과하고 형과 행복하게 살 수 있도록 돕겠다고 했어요.	칭찬

7	와~ 자꾸 탄성이 나올 수밖에 없네요. (엄지척) 정말 안정기님은 한번 마음 먹으면 일사천리시군요.	시간이 지날수록 제 자신의 원래 모습을 찾아가는 것 같아요. 그래서 용기가 생겼고 형수도 좋은 사람 같아요.	칭찬
8	형수가 좋은 사람인 것 같다는 건 어떻게 알게 되었나요?	사실 형수랑 그동안 제대로 말해 본 적은 없었어요. 그런데 아버지한테 하는 것 보니까 형수의 진심이 느껴졌어요. 형을 많이 사랑하고 있으니까 시댁식구들한테도 잘 하려고 애쓰는 것 같았어요.	개방적 질문
9	형수의 그런 마음을 어떻게 알아차리게 되었나요?	형이 좋아하는 사람이라면 나도 좋아요.	개방적 질문
10	그랬군요. 지난 시간에 형처럼 안정기님 주변에 안정기님을 인정해 주었던 사람들을 생각해 보고 오라고 했는데, 구체적으로 생각해 오셨나요?	네… 근데 생각이 잘 안 났어요.	구제화

나의 진가를 알아준 사람이나 사물 찾아 마음에 담기(생태도를 통한 나의 클럽회원 재구성)(5~10분 소요)

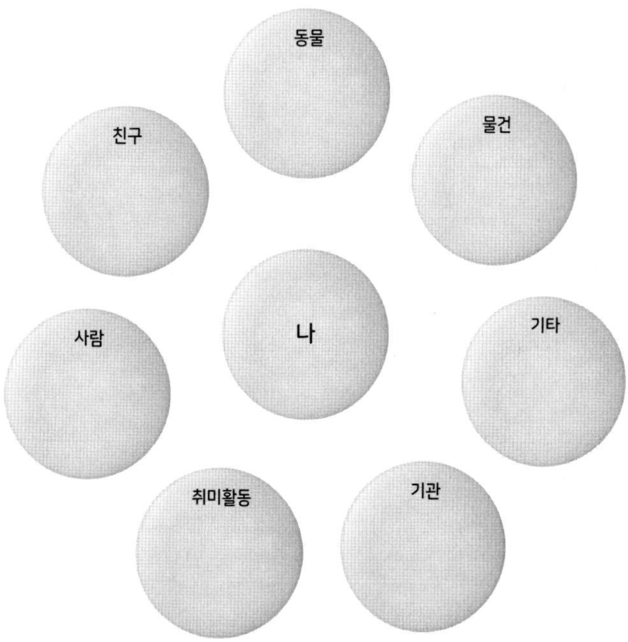

회원 재구성 대화 지도 1. 회원이 내담자의 삶에 기여한 점 2. 회원의 눈으로 본 내담자의 정체성 3. 내담자가 회원의 삶에 기여한 점 4. 내담자가 회원의 정체성에 기여한 점			
11	숙제를 잘 해 오셨네요.	그냥… 별로 할 일이 없어서 이런저런 생각을 하다 보니…	칭찬
12	그 사람들로 안정기님의 클럽에 회원을 구성해 보려고 합니다. 생태도에 있듯이 안정기님의 주변 친구나 선생님, 가족들 그리고 물건이나 애완동물도 좋아요. 회원이란 안정기님 과거나 현재나 미래의 삶에서 중요한 위치를 차지하면서 안정기님의 정체성에 영향력을 행사할 수 있는 사람이나 존재를 말합니다.	초등학교 때 친구, 고등학교 때 교생선생님, 졸업하고 첫 직장에서 반장님과 형들이 생각났어요.	이야기치료 정보 제공
13	지난번 상담에서 이야기했던 사람들이군요. 그 사람들과의 어떤 경험이 안정기님의 삶에 영향을 미쳤나요?	지난번에도 말씀드렸지만 제가 학교를 졸업하고 첫 직장에서 일을 할 때 반장님이 저에게 칭찬을 많이 해 주셨어요. 손재주가 좋다고…	이야기치료 나의 클럽회원 재구성 질문1
14	예, 생각이 나네요. 그분에게 칭찬받은 경험이 안정기님의 인생에 어떤 의미가 있었나요?	음… 어릴 때 저는 아버지에게 형과 비교당하고 늘 혼나거나 맞고 자랐는데 잘 한다며 믿어주고 인정해 주는 경험을 하게 되면서 진짜 열심히 했어요.	이야기치료 나의 클럽회원 재구성 질문2
15	안정기님은 반장님이 믿고 인정해 준다는 것을 어떻게 알아차릴 수가 있었나요?	어떻게 알아차렸나고요?	개방적 질문
16	네, 인정받았다는 사실을 그냥 스쳐 지나가지 않고 그에 반응을 했는데, '인정받는 것'이란 걸 어떻게 알게 되었나요?	그냥, 반장님과 같이 일하는 형들이 믿어주고 제가 한 일에 대해 칭찬해 주고 그러니 알게 되었죠.	개방적 질문

17	안정기님이 누군가에게 인정받았을 때 어찌해야 하는지를 어떻게 알게 되었나요?	자신을 알아주고 인정해 주면 열심히 하는 게 당연한 거 아닌가요? 그냥 그런 걸 배운 적은 없어요.	칭찬
18	그렇군요. 안정기님은 인정을 받아들이는 능력이 있는 것 같은데, 이전에 경험 가운데 안정기님이 그런 능력을 갖고 있다는 걸 보여 줄 수 있는 이야기가 있다면 구체적으로 해 주시겠어요?	제가 고등학교 입학했을 때 공고라서 공부를 열심히 할 필요가 없었어요. 불량스런 친구들과 어울리면서 땡땡이도 치고 그랬죠. 근데 5월에 교생선생님이 오셨어요.	칭찬/구체화
19	교생선생님과는 어떤 일이 있었나요?	한번은 교생선생님이 실습시간에 나를 보면서 "정기는 손재주가 좋은가 보다." 라고 말씀하시더라고요. 처음 듣는 얘기였어요. 그래서 제가 "네?"라고 했더니 "정기는 실습도구를 다루거나 재단(철판)을 할 때 보니까 꼼꼼하고 독창성이 있다."라고 하시면서 손을 아끼라고 하셨어요. 순간 주위에 있던 친구들이 워~ 하면서 치켜세워주었는데 내심 기분이 좋고 어깨가 으쓱해지는 것을 느꼈던 것 같아요.	이야기치료 나의 클럽회원 재구성 질문3
20	네~ 그분에 대해서 좀 더 이야기해 주시겠어요?	그분은 처음 나에게 칭찬을 해 준 선생님이에요. 나랑 나이 차이도 얼마나지 않았고 자상하게 챙겨 주시는게 꼭 우리 형 같았어요. 누군가로부터 칭찬받고 잘한다는 소리는 형 말고는 처음이었던 것 같아요.	구체화
21	교생선생님이 왜 안정기님에게 그런 말을 했을까요?	제가 이론시간은 땡땡이쳐도 실습이 있는 날이면 꼭 수업에 들어갔어요. 나도 아버지를 닮아서인지 손으로 만들고 자르고 하는 이런 작업들이 재미있더라구요. 그래서 열심히 했던 것 같은데 교생선생님이 알아봐 주신 것 같았어요.	이야기치료 나의 클럽회원 재구성 질문4

22	네, 그렇군요. 안정기님은 교생선생님과 함께 있었던 것이 어떤 의미가 있었나요?	나도 우리 형 같은 느낌이 들어서 교생선생님에게는 반항하거나 대들지 않고 선생님을 잘 따랐으니까 선생님을 힘들게 하면 안된다고 다짐한 것 같아요.	이야기치료 나의 클럽회원 재구성 질문5
23	만약에 여기에 교생선생님이 계시다면 안정기님께 뭐라고 할 것 같나요?	어… "진작에 내가 알아봤다. 넌 처음부터 그런 학생이었어."라고요.	이야기치료 나의 클럽회원 재구성 질문6
24	"그런 학생이었어."라는 말은 어떤 의미였을까요?	손재주가 좋고 열심히 하는 학생이라는 말이 아니었을까요?	이야기치료 나의 클럽회원 재구성 질문7
25	교생선생님은 무엇 때문에 안정기님이 그런 사람이라고 생각하게 되었을까요?	공부 안 하고 친구들하고 노는거 좋아해서 땡땡이쳐도 실습시간은 한 번도 안 빠지고 들어가니까 다른 친구들과 다르다고 생각했을 것 같아요.	이야기치료 나의 클럽회원 재구성 질문8
26	교생선생님이 안정기님이 다른 친구와 다르다고 생각한 것을 알게 된 것은 안정기님께는 어떤 의미가 있었나요?	그때는 몰랐는데 지금 생각해 보니 '나를 인정해 주었구나.'라는 생각이 들어요.	이야기치료 나의 클럽회원 재구성 질문9
27	네, 그러면 교생선생님은 언제부터 안정기님이 다른 친구들과 다른 사람이라고 인정하게 되었을까요?	교생실습이 반 정도 흘러갈 때 쯤인 것 같아요. 수업시간에 땡땡이친다고 담임선생님한테 매일 혼나기만 하던 절 보셨는데 실습시간에는 안 빠지고 열심히 따라하니까요.	이야기치료 나의 클럽회원 재구성 질문10
28	자신이 하고자 하는 것에 열정을 다 하는 안정기님을 알아보셨군요. 교생선생님은 안정기님과 함께했던 그 시간을 어떤 의미로 받아들였을까요?	학창시절에만 할 수 있는 반항이라고 시간 지나면 다 제자리로 돌아간다고 그러나 그 시간이 너무 오래 걸리지 않기를 바라는 마음이 있었던 것 같아요.	이야기치료 나의 클럽회원 재구성 질문11

<table>
<tr><td>29</td><td>그런 생각이 선생님의 삶에 어떻게 영향을 미쳤을 것 같아요.</td><td>글쎄요. 학생들이 말을 잘 안 들어서 힘들어했던 것 같은데… 자신이 좋은 선생님이 될 수 있을 거라는 생각을 좀 하게 되었을 것 같아요.</td><td>이야기치료
나의 클럽회원
재구성
질문12</td></tr>
<tr><td>30</td><td>그걸 어떻게 알아차리셨어요?</td><td>선생님과 이야기를 나눴던 적이 있는데 좋은 선생님이 되는 게 꿈이라고 했어요.</td><td>이야기치료
나의 클럽회원
재구성
질문13</td></tr>
<tr><td>31</td><td>안정기님과 함께한 시간이 선생님의 꿈을 이루는 것과 관계가 있을까요?</td><td>다시 생각해 보니 조금은 관계가 있는 것 같아요. 그 선생님은 아마 좋은 선생님이 되셨을 것 같아요.</td><td>이야기치료
나의 클럽회원
재구성
질문14</td></tr>
<tr><td>32</td><td>저도 그 생각에 동의해요. 지금껏 우리는 '폭탄'이라는 놈에 대해 이야기했고 폭탄이 듣지 않았던 때도 찾아봤잖아요. 이런 이야기를 해 보니까 안정기님에게는 '폭탄'에 대항하는 어떤 것들이 있었던 것 같아요?</td><td>지금껏 항상 내 편이 되어 준 형이 행복해지길 바라는 마음을 가지고 있고, 나를 칭찬해 주고 인정해 주었던 반장님과 선생님도 있었다는 것을 알게 되었어요.</td><td>이야기치료
개방적 질문</td></tr>
<tr><td>33</td><td>(용지를 내밀며) 자! 그럼 한번 정리해 볼게요. 이 용지에 쓰여진 문장은 안정기님의 이미 가지고 있었지만 조명되지 않았던, 아니 까먹고 있었던 긍정적 정체성을 담은 대안적 이야기를 명료화시키기 위한 작업입니다. 괄호 안에 이미 정기님이 한 이야기 내용을 중심으로 채워 넣어 보면 어떨까요?</td><td>(용지를 받아 가만히 들여다보며) 좀 어려운데요?</td><td>이야기치료
대안적 이야기 구축
정보 제공/
개방적 질문</td></tr>
<tr><td colspan="4">대안적 이야기 구축(10분 소요)</td></tr>
<tr><td colspan="4">나 (　　　　)는 (그놈 = 　　　　)에 대항하는 (　　　　　　)라는 강인한 힘을 이미 가지고 있었습니다.</td></tr>
<tr><td>34</td><td>다 쓰셨으면 한 번 읽어 볼까요?</td><td>(용지의 괄호 안을 채우며) 이렇게 써 보니 더 저를 정확히 알게 되는 것 같아요.</td><td>이야기치료
대안적 이야기 구축</td></tr>
</table>

35	(웃으며) 그렇죠?	네, 그럼 한번 읽어 보겠습니다. 나 (안정기)는 (폭탄)에 대항하는 (불우한 환경에도 불구하고 의지를 가지고 주변 사람들로부터 인정받는 보증수표)라는 강인한 힘을 이미 가지고 있었습니다.	경청 추임새
36	안정기님이 쓰신 글을 직접 읽으시니 어떠신가요?	나를 새로 단장하는 기분이 들었는데, 이렇게 상담사님 앞에서 읽으니까 정말 이대로 내가 실천하지 않으면 안 되겠다는 생각이 들어요.	개방적 질문
37	조금 전 실천하신다는 말씀을 하셨는데, 이미 정기님께서 가진 이런 강점을 가지고 앞으로는 어떻게 사실 것인지 생각해 보셨나요?	네. 이제는 형과의 관계를 회복하기 위해 노력하겠지만 오로지 형만 쳐다보고 있는 것이 아니라 나를 위해 사는 삶을 살아갈 것이고, 그리고 나로 인해 상처받는 사람이 없도록 주변사람들과 인간관계를 개선하기 위해 노력할 거예요. 또 약을 잘 복용하여 증상을 조절하고 재활과 새로운 직업을 갖기 위해 직업재활 프로그램에 잘 참여할 생각입니다.	이야기치료 새로운 이야기 쓰기 질문
38	와! 그렇군요. 안정기님~ 새로운 이야기처럼 앞으로 가장 안정기님다운 인생을 살아가길 응원합니다. (설문지를 건네며) 그럼 지금부터 첫 상담에서 했던 설문지를 통해 상담 후 안정기님이 어떤 변화가 있는지 확인해 보는 시간을 가지도록 하겠습니다.	네, 감사합니다. (설문지를 작성한다)	이야기치료 새로운 이야기에 대한 외부 증인의 말하기/상담효과 측정하기
설문지 작성(10분 소요)			
39	설문지 결과를 보니, 자존감은 6점에서 29점으로 많이 높아졌고, 충동성은 9점에서 6점으로 낮아졌네요.	(기뻐하며) 정말요? 요즘은 나를 사랑하려고 노력 중이에요. 근데 이렇게 객관적으로 나타나니 기분이 좋네요. 제가 노력하고 있다는 걸 알아주는 것 같아요. 지금은 일자리도 알아보고 있는데, 그건 쉽지가 않네요.	정보 제공

[자존감 척도]

다음 문항에 대해 자신에게 가장 맞다고 생각하는 번호에 빠짐없이 √표해 주십시오.

	문항	대체로 그렇지 않다	보통이다	대체로 그렇다	항상 그렇다
1	나는 내가 다른 사람들처럼 가치 있는 사람이라고 생각한다.	1	2	3√	4
2	나는 좋은 성품을 가졌다고 생각한다.	1	2	3√	4
3	나는 대체적으로 실패한 사람이라는 느낌이 든다.	4	3√	2	1
4	나는 대부분의 다른 사람들과 같이 일을 잘 할 수가 있다.	1	2	3√	4
5	나는 자랑할 것이 별로 없다.	4	3	2√	1
6	나는 내 자신에 대하여 긍정적인 태도를 가지고 있다.	1	2	3√	4
7	나는 내 자신에 대하여 대체로 만족한다.	1	2	3√	4
8	나는 내 자신을 좀 더 존경할 수 있으면 좋겠다.	4√	3	2	1
9	나는 가끔 내 자신이 쓸모없는 사람이라는 느낌이 든다.	4	3	2	1
10	나는 때때로 내가 좋지 않은 사람이라고 생각한다.	4	3√	2	1

[역기능적 충동성 척도]

다음 문항에 대해 자신에게 가장 맞다고 생각하는 번호에 빠짐없이 √표해 주십시오.

	문항	예	아니오
1	나는 생각 없이 머리에 떠오른 대로 말해버리는 적이 자주 있다.		√
2	나는 문제를 천천히 조심스럽게 풀어나가길 좋아한다.		√
3	나는 지킬 수 있는지를 생각하지 않고 약속을 하는 경우가 자주 있다.		√
4	나는 경제적 사정을 고려하지 않고 물건을 사는 경우가 자주 있다.		√
5	나는 상황을 모든 각도에서 검토하지 않고 마음을 정해버리는 경우가 많다.		√
6	때때로 나는 깊이 생각하지 않고 행동해버린다.	√	
7	나는 때때로 생각 없이 행동함으로써 곤란을 겪는다.	√	
8	사전에 미리 조심스럽게 검토하지 않음으로써 계획을 망치는 경우가 많다.	√	
9	나는 생길 수 있는 문제점들을 검토해 보기 전에 새로운 일을 착수하지 않는다.		√
10	중요한 결정을 내리기 전에 조심스럽게 장점과 단점을 검토한다.	√	
11	나는 신중한 추론을 잘한다.		√

40	그러시군요. (정신건강복지센터 책자를 건네며) 센터에서 진행하는 사회재활 프로그램과 직업재활 프로그램이 있는데 한번 보시고 이용해 보시면 좋을 것 같습니다.	네, 안 그래도 일자리를 알아봤는데 정신과 치료받는다고 하니 싫어하시더라구요. 직업재활 프로그램 참여하면 일자리 얻도록 도와주시는 건가요?	정보 제공
41	그럼요! 직업재활 프로그램을 통해 직장도 알아보고 직장생활에 필요한 교육도 시켜주니 참여해 보시면 도움이 될 것 같아요.	그럼 이용해 보고 싶어요. 어떻게 하면 되나요?	정보 제공
42	네, 직업재활 담당하시는 선생님을 소개시켜드릴게요.	네, 감사합니다.	정보 제공
43	긴 시간 동안 상담하시느라고 고생하셨습니다. 센터 이용하시면서 언제든지 힘든 일이 있으면 연락 주세요. 저희는 언제나 이 자리에 있을 것입니다.	그 말을 들으니 더 든든하네요. 그동안 수고하셨습니다.	정보 제공

사례 ❹ 급성스트레스장애

1 내담자 인적사항 및 가족사항

1) 내담자 인적사항

- 이름: 차현주
- 성별: 여자
- 나이: 27세
- 결혼상태: 미혼
- 학력: 대졸
- 직업: 외과병동 간호사
- 진단명: 급성스트레스장애

2) 가계도

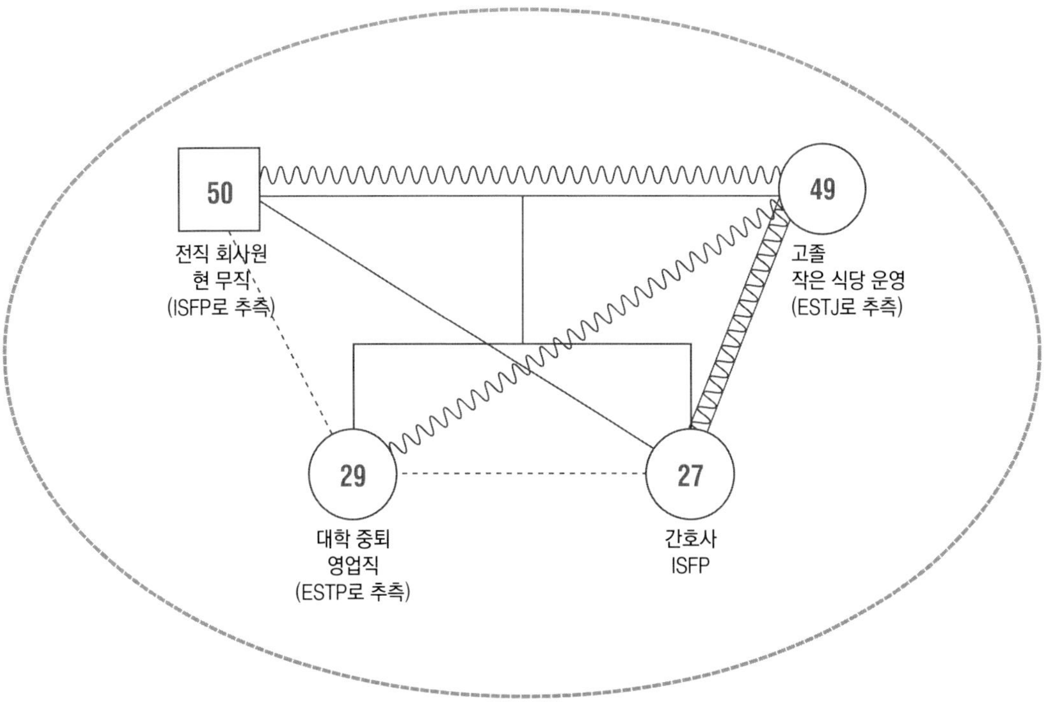

2 내담 경위

약 1개월 전 유방암 재발과 전이로 수술을 위해 입원한 55세 여성환자가 입원 전 우울과 자살사고가 있어 병동에서는 인력이 부족해 입원을 반대했으나 보호자가 함께 있는 조건 하에 1인실에 입원함. 입원 후 저녁 8시경 주치의와 보호자인 28세 딸이 면담하는 사이 병실 작은 창문을 통해 투신함. 그 당시 이브닝 근무 중이었던 담당간호사는 27세 미혼으로 1년차 신졸간호사와 이 상황을 의연하게 수습하였으나 시간이 지나면서 불면증을 호소하며 지각이 잦고 업무 중 사소한 실수를 하며 말이 없어지는 모습을 보여 정신건강의학과에서 급성스트레스장애로 진단받고 수면제를 처방받아 복용하고 있었음. 이 상황 발생 후 만났던 절친한 친구인 정신간호사가 3주 전부터 구미정신건강복지센터에서의 무료 상담을 받아볼 것을 권유했지만 차일피일 미루다가 상담하기 1주 전 수간호사로부터 업무 실수에 대한 지적과 함께 자살환자 장례식장 조문을 하지 않는 것에 대해 대상자의 무책임함을 지적받게 되자 다시 불면증과 죄책감으로 힘들어져 전문상담을 받기 위해 방문함.

3 주호소

지각, 의욕 저하, 집중력 저하, 사고 장면 플래쉬백, 불면증, 죄책감

4 심리검사 결과

1) 사건충격척도

사건충격척도(IES-R-K) 22점으로 심하지는 않지만 급성스트레스장애가 있음

2) 수면

하루 3~4시간(11시에 취침하지만 중간에 깨면 아침까지 자다 깨다 함)

3) 우울 척도 검사

우울 척도(PHQ-9) 15점으로 중간 정도의 우울로 관찰과 개입을 요하는 단계임

4) 자살생각척도

레이놀즈 자살생각척도(SIQ-Reynolds) 10점으로, 잠을 못잘 때 몇 번 '계속 이러면 죽는 게 낫겠다'는 생각을 했다 함

5) MBTI

내담자: ISFP(대화로 추측한 결과, 아버지: ISFP, 어머니: ESTJ, 언니: ESTP)

5 상담자가 본 내담자 문제 이해

차간호사의 MBTI 성격유형은 ISFP로, 간호사 직무에서 요구하는 친절함과 따뜻함은 적성에 맞지만 일 처리 중심의 현장은 괴리되는 느낌이 많았음. 평소 남자보다 나이 든 여성과의 관계가 어렵고 이들로부터 따짐을 당할 때는 가슴이 먹먹해지고 할 말이 없어져 피하는 편임.

자라면서 ESTP인 언니가 부모님에게 다소곳하지 않고 덜렁거려 혼나는 모습을 많이 봄. 그럴수록 언니는 공부보다는 밖으로 나돌아 부모가 포기한 대신, 고분고분한 차간호사에게 기대를 많이 하게 됨. 아버지는 대졸이며 ISFP로, 회사를 다니다가 사직하고 어머니가 운영하는 식당을 도우며 말없이 가족을 위하나 어머니는 고졸이며 ESTJ로, 여성이지만 자신의 주장을 굽히지 않고 성과를 중시하여 식당을 잘 운영함. 하지만 일이 잘 안될 때는 아버지의

우유부단한 성격을 비난하는 모습을 많이 보여 왔으며, 특히 언니의 방탕한 모습을 많이 비난하며 아버지 탓이라고 함. 이 모습을 보면서 자신도 잘 하지 않으면 언니나 아버지처럼 비난받을 수 있다는 두려움으로 조심스럽게 행동해 왔으며, 어머니의 공격을 피할 정도로 공부를 하여 자신의 적성에도 맞는 것 같으면서도 특히 취업이 잘 되는 간호학과를 선택했는데, 이에 대해 어머니는 칭찬보다는 더 열심히 공부해서 의대나 약대에 가기를 바람.

평소 식당 일을 마치고 늦은 시간 귀가하는 어머니가 집에 오는 순간, 언니가 잘못하는 것과 가장인 아버지의 우유부단함에 대한 비난이 시작되며, 이로 인해 조용하던 집안의 평화가 깨어지는 모습을 보면서 어머니가 무서워 집에 들어오지 않았으면 하는 생각을 한 적이 있음. 최근 어머니는 아무도 자기를 알아주지 않는다며 눈물을 보이기도 하고 두통과 소화불량도 호소해 다양한 검사를 받았으나 이상이 없다는 판정을 받은 후 간호사인 자신도 이제 어머니의 증상 호소에 무관심해짐. 평소 자신보다 나이 많은 여성이 자신에게 조언을 하거나 지시를 하면 어머니의 모습이 투사되면서 이들과의 관계가 어려울 것으로 생각됨.

6 상담목표/전략

1) 상담목표

- 내담자가 자기 자신에 대한 전문가임을 알게 하여 자존감 향상
- 내담자의 성격 이면에 부정적으로 지배하고 있는 이야기를 해체시키고 문제 이야기를 분리시켜 부정성, 우울감과 수면장애 감소
- 내담자 이면에 존재하고 있었지만 잊고 있었던 대안적 이야기 구축으로 긍정적 정체성 확립으로 가족관계 및 대인관계 능력 향상

2) 상담전략과 접근 방식

- 이야기치료식 접근 not-knowing posture를 취함으로써 내담자가 자기 자신에 대한 전문가임을 알게 하여 자존감을 높인다.
- 이야기치료를 활용하여 내담자의 이야기 속에서 강점 · 자원을 발견하도록 돕는다.

■ MBTI를 활용하여 내담자의 강점을 근거있게 지지함으로써 굳건하게 함과 동시에 타인과의 긍정적인 성격 차이를 인식하도록 하여 대인관계 이해능력을 높인다.

■ 이야기치료를 활용하여 나의 가치와 긍정적 정체성을 찾고, 나의 지지자원을 발견하도록 돕는다.

■ 이야기치료를 활용하여 나의 미래 새로운 이야기를 쓰게 한다.

3) 회기별 계획

회기	주제	상담내용	시간(분)
1	오리엔테이션 지배적 이야기 중 문제 외재화 및 문제 결과와 영향력 탐구 및 독특한 결과 찾기	• 상담자 소개 및 내담자 자기 소개 • 상담이론 관련 소개 • 지배적 이야기 듣기(인생 곡선 활용 가능) • 현재 당면한 가장 힘든 문제 이야기 찾아 이름 붙이기(문제 외재화) • 문제의 결과와 영향력 탐색하기 • 독특한 결과(반짝이는 사건) 찾기 및 영향력 탐색하기 • 과제: 독특한 결과 추가로 찾아오기, 사건충격척도, 우울검사, 자살생각검사 설문지 체크해 오기	90
2	다른 독특한 결과들 영향력 탐구 및 스캐폴딩을 통한 대안적 이야기 구축	• 심리검사 결과 이해 • 다른 독특한 결과들과 영향력 탐색하기 • 스캐폴딩을 통해 평소 나의 가치와 긍정적 정체성 찾기 • MBTI 활용 자기 강점 굳히기, 가족과의 차이 알기 • 과제: 외부 지지자원 탐색해 오기	50
3	회원 재구성과 새로운 이야기 쓰기	• 생태도를 통한 나의 지지대상 탐색 및 나의 기여도 탐색 • 나의 미래 방향 다짐하기	50

[사례④ 급성스트레스장애]

7 회기별 상담 시나리오

1) 1회기

회기 및 주제	1회기: 오리엔테이션 지배적 이야기 중 문제 외재화 및 문제 결과와 영향력 탐구 및 독특한 결과 찾기
상담내용	• 상담자 소개 및 내담자 자기 소개 • 상담이론 관련 소개 • 지배적 이야기 듣기(인생 곡선 활용 가능) • 현재 당면한 가장 힘든 문제 이야기 찾아 이름 붙이기(문제 외재화) • 문제의 결과와 영향력 탐색하기 • 독특한 결과(반짝이는 사건) 찾기 • 과제: 독특한 결과 추가로 찾아오기, 사건충격검사, 우울검사, 자살생각검사 설문지 체크해 오기
장소/시간	구미정신건강복지센터 상담실/90분

번호	정신전문간호사	대상자	정신전문간호사의 치료적 의사소통기법
1	안녕하세요. 저는 정신전문간호사 김희숙입니다. 저희 구미정신건강복지센터를 찾아 주셔서 감사합니다. 성함이 어떻게 되시나요?	(다소 어두운 표정이지만 안심하는 듯한 표정으로) 선생님도 간호사시네요. 저는 차현주입니다.	존중
2	(부드러운 목소리로) 네~ 차현주님! 여기 앉으세요.	(표정 없이 앉으며) 네~	존중
3	오늘 무슨 일로 오게 되었나요?	제 친한 친구 중 정신간호사가 있는데 선생님에게 한번 가보라고 해서요.	개방적 질문
4	친한 친구가 센터 가서 상담해 보라고 권유해서 오셨다는 말씀이군요.	(고개를 끄덕이며) 3주 전부터 센터 소개하면서 가보라고 하긴 했는데…	반영

5	아! 그랬군요. 그런데 혹시 3주 전에 무슨 일이 있었나요?	(잠시 숨을 한번 몰아 쉬고) 저···	개방적 질문
6	그 선생님께서도 말씀드렸겠지만, 구미정신건강센터는 구미 시민들의 정신건강 향상을 위해 국가와 시가 만들어서 전문가 상담 등 정신건강관련 서비스를 무료로 제공하고 있습니다. 즉, 마음의 고통과 같은 어려움에 대한 지원은 저희 센터에서 무료로 도와드리므로 좋은 뜻에서 소개하신 거 같아요.	저는 외과병동 간호사로 대학병원 외과병동에 근무하고 있거든요. 약 1달 전 제 근무 중에 수술 예정이던 환자가 자살을 했거든요.	정보 제공
7	(놀란 표정을 지으며) 입원한 환자가 자살했다구요?	(눈물이 약간 비치며)···	재진술
8	(휴지를 건네며) 천천히 이야기하셔도 됩니다.	(눈물을 닦으며) 그 일 이후 제 일상생활이 망가진 거 같아요.	존중/정보 제공
9	그 일 이후 현주씨의 일상생활이 망가졌다고 하셨는데 이에 대해 좀 더 자세히 말씀해 주세요.	떨쳐버리려고 하는데도 불구하고 아직도 그 날일이 생생하게 기억나 그걸 생각하다 해야 할 일을 놓치는 경우가 많은 거 같아요.	구체화
10	그런 일을 당하셨으니 얼마나 힘드셨을지 이해가 됩니다.	(다시 눈물이 비치며) 사는 게 의미가 없어요.	공감
11	차현주씨 사는 게 의미가 없다는 말은 무슨 뜻인지 자세히 말씀해 주시겠어요?	(다시 고개를 숙이며 작은 소리로) 말해 봤자 뭐가 달라지나요?	구체화
12	일반적으로 그런 큰 일을 당하신 경우 주위에서 센터 상담을 권유해도 잘 받아들이지 않는 경우가 많은 데요. 오늘 이렇게 나온 신 건 대단한 겁니다. 이왕 이렇게 나와서 저와 마주 앉으셨으니 한 40분간 저의 제안에 따라 주시면 어떨까요?	(한참 생각하다가) 그게 뭔데요?	칭찬/ 개방적 질문

13	오늘 차현주씨와 함께 할 상담기법은 오신 분들의 강점 위주로 상담하는 최신 기법으로 이야기치료를 하고자 합니다.	저는 별로 어릴 때부터 잘한다는 칭찬을 받아 본 적이 없는 거 같아요. 그런데 지금 직장에서도 그런 것 같아요. 늘 그냥 있는 듯 없는 듯 지내 왔지만 잘못한 것도 없는데 제 근무 시간에 이런 일이 생기니 앞으로 자신이 없어요.	정보 제공
14	그 말은 앞으로 이런 어려운 일이 더 생길 것 같아서 힘들 것 같다는 말이군요.	(말없이 고개 숙이며) 저는 좀 재수가 없는 거 같아요.	명료화
15	(손을 잡으며) 그런 어려운 일을 경험하고도 일하면서 견디느라 정말 수고하셨네요. (인생 곡선 용지를 보여 주며) 차현주씨! 아직 젊지만 그 간 어떤 삶을 살아오셨는지 이 인생 곡선을 한 번 같이 그려 보면 어떨까요?	(마지못해 하는 표정이나 용지에 눈을 맞추며)저는 어디서나 주목받지 못하는 사람이라 뭐 특별한 일이 없는데요.	칭찬/ 개방적 질문
16	먼저 가로로 10년 간격으로 나이를 표시하시고 태어나서 지금까지 현주씨의 삶에 영향을 준 기쁘고 좋았던 일들은 위에 나를 힘들게 한 일들은 아래에 표시하시는데요. 이때 사건마다 행복이나 만족, 불행이나 불만족 정도을 가로로 점을 찍고 여기에 약간의 설명들을 곁들여 적으시고 이 점들 연결시키면 됩니다.	(인생 곡선 용지를 들여다보며 설명만 듣고 있음)···	정보 제공
17	혹시 더 설명이 필요한 점이 있다면 무엇일까요?	(조용한 목소리로) 지난 일은 기억이 잘 안나요.	개방적 질문
18	하나도 기억이 안난다구요?	그 사건 말고는 지금까지 크게 어려운 일도 없었고 칭찬받은 일도 없어서···	재진술

19	저는 잘 모릅니다만 근무 중 그런 힘든 어려움을 겪고도 아직 신체 질병도 없고… 마음이 고통스러워도 오늘 이 상담실을 스스로 찾아와 앉아 있는 차현주씨는 정말 대단한데요.	(반신반의하며) 제가 뭘 대단하다고…	강점 칭찬
20	대체 그 역경을 어떤 대처 방법을 써서 견디고 계신지요?	(약간 놀라며) 대처 방법이 없어서 여기 온 건데요.	개방적 질문
21	현주씨는 자신이 적절하게 대처한 적이 전혀 없다고 생각하시는 군요. 그럼 장지희씨가 그간 어떤 일들이 있었는지 저와 함께 인생 곡선을 통해 탐색해 보시면 어떨까요? (인생 곡선 용지를 주며) 시간을 20분 정도 드리겠습니다.	(인생 곡선 용지를 받아 들고 펜을 든다)	반영/ 개방적 질문

인생 곡선 그리기(20분 소요)

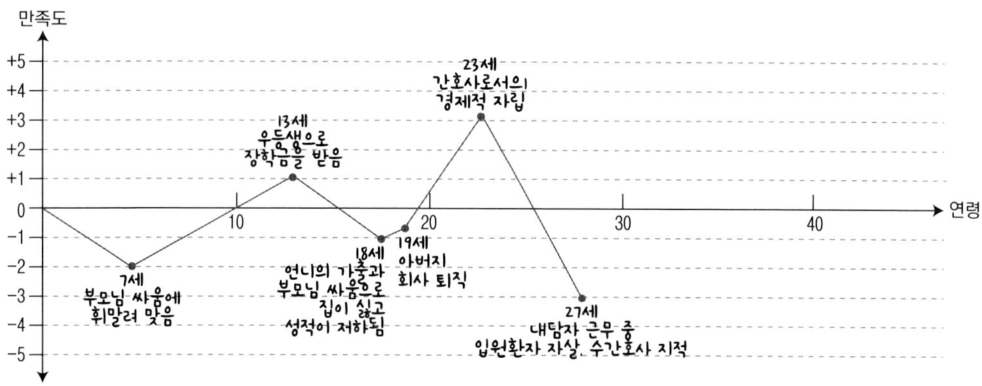

22	(그려진 인생 곡선 용지를 받으며) 인생 곡선을 그리면서 어떠셨어요?	(무표정으로) 제 인생이 좀 재수없죠?	개방적 질문
23	(자세히 들여다보며) 이것만 해도 얼마나 힘드셨을지 좀 이해할 거 같아요.	(고개를 들며 호의적인 표정으로) 그래요?	공감

지배적 이야기(dominant story)

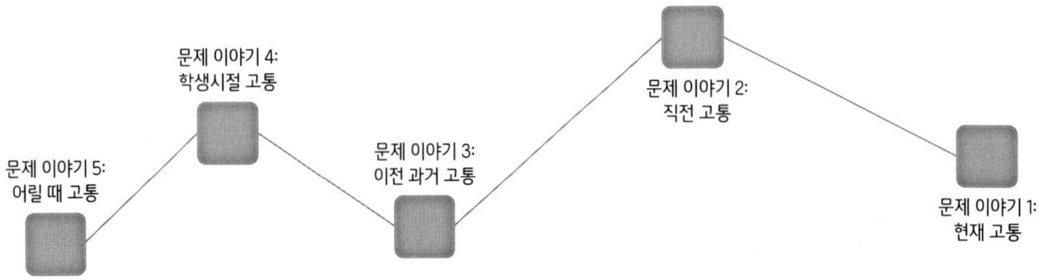

24	자! 그럼 본격적으로 이야기치료 원리를 적용하여 상담을 시작할게요. 저는 상담전문가라서 상담진행은 잘하지만, 차현주씨 인생이야기의 전문가는 차현주씨이기 때문에 자신의 인생에 대해 전문가로서 말씀해 주시기 바랍니다. 지금부터는 전문가끼리 대화를 해 보도록 하겠습니다.	(놀라며) 제가 전문가라구요?	이야기치료 정보 제공/ 존중
25	이 상담기법에서는 사람들은 24시간 자신과 함께 존재하고 자신을 늘 들여다보며 생각하기 때문에 나 밖의 어떤 사람이나 대상보다 자신을 잘 알고 있기 때문에 자신에 대한 전문가라고 합니다. 그래서 편안하게 생각나는 대로 현주씨 이야기를 해주시면 됩니다.	(호기심 어린 눈빛으로 바라보며) 네.	이야기치료 철학과 가치에 대한 정보 제공
26	(상담 책상에 놓인 인생 곡선을 보며) 인생 곡선에서 굴곡은 그렇게 많지는 않는데요… 차현주씨 지금 가장 힘든 일은 무엇인지요?	처음에 잠시 말씀드렸지만 제 근무 중 입원했던 환자가 자살한 이후 수습은 잘했는데 그 이후 머리가 복잡해져 잠도 잘 안 오고 일도 손에 잡히지 않아요. 그러다 보니 실수도 잦아 다른 사람들에게 민폐를 끼치는 거 같아 힘들어요.	이야기치료 개방적 질문

현재 가장 힘든 문제 이야기

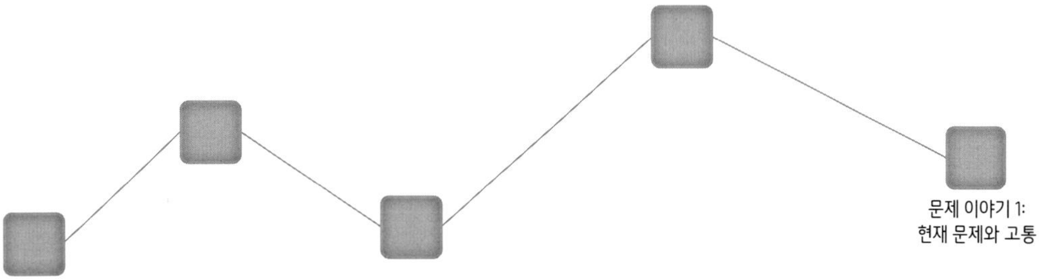

27	아! 지금 가장 힘든 일은 그 사건 이후 잠도 잘 못자고 일상 업무가 잘 안되는 것이군요.	사실 입원한 환자가 사망하는 일은 가끔 있었는데 그때마다 마음이 아프기는 해도 일상 업무에는 지장이 없었거든요.	반영
28	힘드시겠지만 좀 더 직접적으로 질문드릴게요. 현주씨 근무 중 자살한 환자 사건이 현주씨를 어떻게 힘들게 하나요?	충격적인 그날 그래도 간호사로서 의연하게 수습은 잘 했지만 시간이 지나면서 '내가 뭘 잘못해서 그 환자가 그랬을까 내가 간호사로서 자격이 없구나.'라고 생각하다가도 난 그날 경력 없는 후배 간호사를 데리고 최선을 다해 일했는데 왜 그 환자는 하필 그 시간에 그리고 왜 그 보호자는 자살생각을 가진 환자를 지키지도 않고 나갔는지 왜 의사는 하필 그 시간에 보호자 면담을 했는지 원망하게 되고 화가 나요. 저 혼자 잘해 봤자 소용없다는 생각도 들어요.	이야기치료 개방적 질문
29	그 사건으로 인해 자신이 간호사로서 자격이 없다는 생각도 들면서 도움되지 않는 주위가 다 원망스럽군요.	이런 생각으로 밤마다 잠도 못자다 보니 새벽에 늦잠이 들어 지각도 잦고 일에 대한 의욕도 자꾸 떨어지는 것 같아요.	명료화

문제 외재화하기			
30	자! 그럼 그 힘든 사건 이후 잘 수습은 했지만 그로 인해 내게 오는 그 고통들, 흔히 그것을 이야기치료에서는 문제라고 하고 이 문제를 객관화시키기 위해 이름을 붙여 봅니다. 그래서 이 문제에게 이름을 뭐라고 붙이면 좋을까요? 이 문제는 주위에서 나를 힘들게 하는 사건이 생겨 빌미를 줘도 나에게 붙지 않아야 할 나쁜 놈이거든요. 즉, 이 나쁜 놈에게 이름을 붙인다면 뭐가 좋을까요?	(잘 이해가 안된다는 표정으로) 글쎄요?	이야기치료 문제 외재화 질문1
31	조금 당황스러우시죠. 처음이라서… 그럼 흔히들 문제, 즉 나의 고통에 붙이는 이름 종류에 대한 예를 들어드릴게요. 괴물, 악마, 귀신, 먹구름, 훼방꾼, 어흥, 호랑이, 곰팡이, 진드기, 좀, 배신감, 미친괭이, 지랄, 바보, 천치, 장님, 도깨비, 내동댕이, 스크래치, 지랄, 흙탕물, 태풍, 지진, 쓰나미, 망망대해, 표류, 소용돌이 등을 나쁜 놈의 이름으로 많이 하시더군요.	(잠시 생각하다가) 근무하다가도 이런 생각이 올라오면 그 이후에는 '소용돌이' 속에 들어가 있는 느낌이 들어요.	이야기치료 문제 외재화 정보 제공
32	네! 좋습니다. 그럼 그 현주씨에게 가끔씩 붙어 괴롭히는 나쁜 놈을 '소용돌이'라고 이름 붙일게요. 이것도 이야기치료 기법 중 하나인데요. 지금부터 포스트잇을 드릴테니 이 포스트잇에 '소용돌이'라고 쓰고, 포스트잇에 쓴 '소용돌이'라는 놈이 차현주씨 몸 어디에 붙었는지 한번 붙여 보세요.	(세 장의 포스트잇에 '소용돌이'라고 쓰고) 여기 머리, 가슴, 어깨에 붙어 있어요.	이야기치료 문제 외재화 정보 제공

포스트잇 3장에 '소용돌이'라고 쓰고 자신의 머리, 가슴, 어깨에 붙임

'소용돌이'라는 놈(문제 외재화)의 결과와 영향력 탐색하기			
33	지금 '소용돌이'라는 놈이 외부에서 와서 차현주씨 머리, 가슴, 어깨에 붙어 있는데 떼어 내실 수 있는지요?	(몸에 붙은 세장의 포스트잇을 떼어내어 들고) 네!	이야기치료 문제 외재화 질문2

34	떼어 내니 어떠신가요?	글쎄요, 아직은 뭐가 뭔지 모르겠어요.	개방적 질문
35	(상담 책상 위를 가르키며) 여기 한번 나란히 붙여 보세요.	(상담 책상 위에 세 장을 나란히 붙이고) '소용돌이'라고 쓴 포스트잇이 제 몸에서 떨어졌네요.	이야기치료 문제 외재화 정보 제공
36	네, 맞아요. 단순하게는 그렇게 말할 수 있지만 이야기치료에서는 이를 문제와 선량한 차현주씨를 분리시킨다고 말합니다. 이 말은 내 몸에 붙은 문제가 문제이지, 문제가 붙은 사람이 문제가 아니라는 원리가 이 상담기법의 배경입니다.	그럼 그 일로 인해 나를 고통스럽게 하는 '소용돌이'가 밖에서 와서 나에게 붙었다는 이야기인가요?	이야기치료 철학에 대한 정보 제공
37	이야기치료 원리를 금방 알아차리시네요. 오늘 가실 때 이야기치료 책을 한 권 대여해 드리겠습니다. 책을 읽으시면 상담의 원리를 더 잘 알게 되어 자신이 가진 강점을 알게 될 것입니다. 지금부터 이야기치료 방식으로 질문드릴게요.	(호기심 가득한 표정으로 쳐다보며) 네.	강점 칭찬/ 정보 제공
38	(상담 책상 위에 붙어 있는 '소용돌이'라고 쓰여진 포스트잇들을 가리키며) 이 '소용돌이'라는 놈이 처음으로 현주씨에게 나타난 때는 언제인가요?	(기억을 더듬으며) 당연히 한 달 전 그 환자가 자살한 이후부터인 거 같네요.	이야기치료 문제 외재화 질문3
39	'소용돌이'라는 놈이 현주씨 몸에 붙으면 현주씨를 어떻게 힘들게 하나요?	저를 능력 없는 무력한 간호사로 만들어요.	이야기치료 문제 외재화 질문4
40	그럼 '소용돌이'라는 놈은 언제부터 붙기 시작한 것 같나요?	그 날 그 일이 발생한 당시에는 속으로는 너무 너무 무섭고 당황스러웠지만, 1년차 간호사를 데리고 근무하는 선배간호사로서 환자들 앞에서 의연한 모습을 보이며 수습하는 것이 우선이라 겉으로는 의연한 척 일했는데, 정신없이 인수인계하고 집에 돌아가서는 그 사고 장면과 가족들이 울고불고 하는 장면이 떠올라 한숨도 못 잤어요.	이야기치료 문제 외재화 질문5

41	아! 그렇군요. 그 '소용돌이'라는 놈은 언제 가장 힘이 센가요?	일할 때는 거기 집중하느라 모르겠는데 혼자 조용히 있거나 특히 그 일에 대해 누군가가 저를 비판하는 낌새가 느껴지면 화가 나고 멘붕 상태가 되는 거 같아요.	이야기치료 문제 외재화 질문6
42	'소용돌이'라는 놈은 어디에서 가장 힘이 센가요?	근무 중에 제가 작은 일 실수를 할 때이고, 다음은 밤에 제 방에서요.	이야기치료 문제 외재화 질문7
43	'소용돌이'라는 놈은 어떨 때 가장 힘이 센가요?	(잠시 생각에 잠기다가) 수간호사 선생님이 저를 불러 실수한 일에 대한 이유를 물을 때요.	이야기치료 문제 외재화 질문8
44	근무 중에 한 작은 실수에 대해 수간호사 선생님이 이유를 물을 때 그놈은 현주씨 몸에 붙어서 위력을 발휘하는군요. 그럼 '소용돌이'라는 놈은 지희씨가 어떻게 행동하도록 만들었나요?	그런 때는 수간호사 선생님에게 할 말이 생각나지 않고 자살 가능성이 높은 환자를 반대에도 불구하고 입원시킨 주치의에게 한말하기보다 근무한 우리 두 사람의 잘못으로 생각하는 것 같은 뉘앙스의 말과 하필 그날 둘만 근무하게 배치한 것에 대한 섭섭함만 더 크게 생각나게 해요.	명료화/ 이야기치료 문제 외재화 질문9
45	아! 네~ 그럼 '소용돌이'라는 놈은 현주씨가 자신을 어떻게 생각하도록 만들었나요?	'나는 아무리 최선을 다해 열심히 일해도 늘 재수없는 사람이구나!'라는 생각을 하게 해요.	이야기치료 문제 외재화 질문10
46	'소용돌이'라는 놈은 현주씨가 다른 사람들에게 어떤 사람으로 보이게 하는 가요?	'아니, 4년차나 되는데… 왜 저러지? 원래 역량이 저 정도밖에 안 되나? 저래서 간호사 계속 할 수 있을까?'라며 문제 있는 간호사로 보게 할 거 같아요.	이야기치료 문제 외재화 질문11
47	그럼 '소용돌이'라는 놈은 당신을 어떤 함정에 빠뜨리기 위해 붙었을까요?	(울먹거리며) 살면서 너무 외로웠어요. 그래도 저의 성격하고도 좀 맞는 것 같은 간호사를 하게 되어 기뻤고 환자들이 좋아져 퇴원하는 모습을 보며 그 힘으로 살고 있었는데, 그런 사건에서는 저는 아무런 힘도 없고 방법을 모르니 간호사로서 자격 미달에다 지금도 허우적거리고 있으니 곧 간호사를 그만 두게 하겠죠.	이야기치료 문제 외재화 질문12

48	아! 이 '소용돌이'라는 놈의 영향이 대단하군요.	(운다)…	명료화
49	(휴지를 건네며) 힘드시겠지만 이제는 '소용돌이'라는 놈이 당신 주위 사람들에게 어떤 영향을 미치고 있을지 생각해 보고 이 용지에 한번 간단하게 써 보도록 할게요.	(눈물을 훔치며 용지를 받아들며) 네.	이야기치료 문제 외재화 정보 제공

문제의 영향력 탐색하기 워크시트 작성(5분 소요)

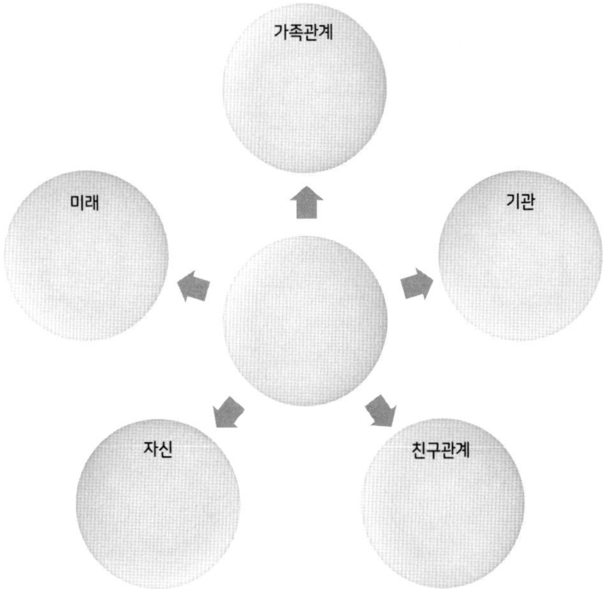

50	'소용돌이'라는 놈은 현주씨의 가족관계에 어떤 영향을 끼치고 있나요? 그 용지에 써 놓으신 대로 말씀하시면 됩니다.	"이왕할 바에 더 열심히 공부해서 주도적으로 일할 수 있는 의사나 약사가 되라고 했잖아. 내 말을 안 듣더니…"라고 하면서, 특히 어머니는 저를 공격하도록 할 뿐만 아니라 아버지가 자식들을 방임해서 그렇다고 아버지도 공격하도록 할 거 같아요.	이야기치료 문제 외재화 질문13

51	'소용돌이'라는 놈은 현주씨의 친구관계에 어떤 영향을 끼치고 있나요?	친구들은 "현주가 평소 말이 없긴 하지만 열심히 사는 친구였는데… 최근 직장에서 그런 일이 있긴 하지만 그걸 잘 극복하지 못하는 원래 좀 이상한 아이였구나!"라고 말하도록 할 것 같아요.	이야기치료 문제 외재화 질문14
52	'소용돌이'라는 놈은 현주씨의 직장에 어떤 영향을 끼치고 있나요?	적응력이 떨어지는 사람으로 여겨 함께 일하기를 꺼리는 사람으로 보도록 하겠죠.	이야기치료 문제 외재화 질문15
53	'소용돌이'라는 놈은 현주씨의 미래에 어떤 영향을 끼치고 있나요?	(다시 고개를 숙이며) 간호사를 그만두게 할 거 같아요.	이야기치료 문제 외재화 질문16

독특한 결과(unique outcome, 반짝이는 사건)와 영향력 탐색하기

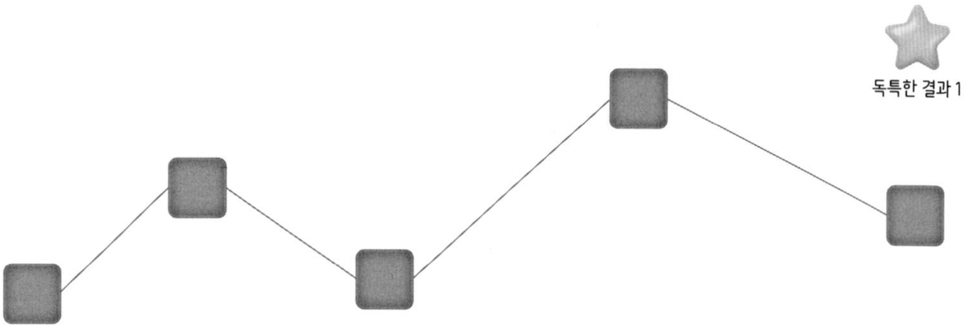

54	(약간 반전의 호기심 어린 표정으로) 혹시 말이에요? 이런 영향력을 가진 '소용돌이'라는 놈이 다가와 현주씨 몸에 붙기 전에 그것을 정지시킨 경험이 있었나요?	(기억을 더듬으며) 아! 네… 그 일 이후 한번은 근무 중에 멍해져 순간 인수인계해야 할 내용 하나를 빠뜨렸는데, 그것도 모른 채 파김치가 되어 집에 돌아와 침대에 오자마자 누웠어요. 그런데 그때 우리집 애완견인 지니가 내 방에 장난감을 물고 들어오더니 침대 아래 놓고 가만히 엎드려 제 눈치만 보고 기다리고 있는 거예요. 그때 지니는 보통의 개처럼 무조건 놀자는 게 아니라	이야기치료 독특한 결과 질문1

		나의 기분을 맞추어 기다리고 있다고 생각하니 정신이 번쩍 드는 거예요. 그리고 지니와 놀고 부비면서 기분이 좋아졌고 순간 인수인계 하지 않은 내용이 떠올라서 바로 병동에 전화해서 알려 주었죠.	
55	그때 현주씨의 어떤 생각이 '소용돌이'라는 놈의 함정에 빠지지 않도록 하였나요?	그때 순간 나를 낳아 준 부모도, 내가 열심히 최선을 다해 일했던 병동의 다른 사람도 나를 이해해 주지 않는데 나를 믿고 따라주는 저 없으면 안 되는 지니가 있다는 생각이 더 크게 떠오른 거죠.	이야기치료 독특한 결과 질문2
56	지니가 현주씨에게는 어떤 존재인가요?	사실 지니는 제가 간호사하면서 돈 벌어 사온 강아지거든요. 처음에 아버지는 항상 말이 없으시니 무슨 생각을 하시는지 잘 모르겠고, 우리 엄마는 무조건 애완견 키우는 걸 반대해서 도로 갖다주라고 하셨어요.	이야기치료 독특한 결과 질문3
57	어머님이 애완견 키우는 걸 반대하시는 이유가 무엇인지요?	우리 엄마는 늘 돈이죠. 개 키울 돈이 어디 있냐고 늘 말해요. "너희 아버지 백수처럼 돈도 안 벌고, 네 언니도 버는 돈보다 쓰는 게 더 많고… 네가 겨우 간호사 되어 돈 벌어 내가 조금 숨통을 털려고 하는데…"라면서요. 부모님은 돈 때문에 정말 많이 싸우셨어요. 둘이 싸우다가 제가 옆에서 무서워서 울고 있으면 엄마는 저를 혼내셨어요.	개방적 질문
58	그런 부모님과 함께 사셨다면 어린 시절이 정말 힘드셨겠군요.	그래서 언젠가부터 저는 엄마, 아버지가 싸워도 제 방에서 묵묵히 제 할 것만 했어요.	명료화
59	와! 어떻게 그렇게 할 수 있었나요?	늘 드센 우리 엄마를 보면서 '오로지 돈밖에 모르는 저런 여성은 안 되어야지.'라고 생각했거든요. 그래서 간호사가 되어 일찍 돈을 벌었고, 내가 번 돈을 움켜쥐고 살기보다 가족에게 나누어 주었거든요.	개방적 질문

60	그 어린 나이에 가진 생각을 잊지 않고 지키시는 대단한 분이시군요.	그런가요?	강점 칭찬
61	이야기치료에서는 '소용돌이'라는 놈의 함정에 빠지지 않고 자신의 올바른 신념대로 한 행동을 반짝이는 사건이라고 합니다. 현주씨도 그게 있었네요.	(말끝을 흐리며) 그건 그랬지만…	이야기치료 독특한 결과 정보 제공
62	그럼 오늘은 여기까지 이야기를 나누고 다음 상담 시간에 오실 때 '소용돌이'라는 놈의 함정에 빠지지 않은 독특한 결과, 즉 반짝이는 사건을 더 찾아 오시면 어떨까요?	네.	이야기치료 독특한 결과 정보 제공
63	차현주씨, 또 한 가지 과제를 더 드리려고 하는데 어떠신지요?	(부담스러운 듯한 표정으로) 또 뭔데요?	개방적 질문
64	3가지 정도 심리검사를 하고자 하는데요. 어떠신지요? 사건충격검사, 우울검사와 자살생각검사입니다. 이 검사들은 모두 길지는 않는데요. 말로써 표현되지 않는 생각을 문항에 따라 체크해 봄으로써 자신의 상태를 알게 되고, 나중에 상담이 얼마나 도움이 되었는지 평가하게 되는 기준이 되는 검사입니다.	네.	정보 제공
65	(검사지를 주며) 그럼 다음 주에 뵐게요.	(검사지를 받아 가방에 넣으며) 네! 수고하셨습니다.	

2) 2회기

회기 및 주제	2회기: 다른 독특한 결과 영향력 탐구 및 스캐폴딩을 통한 대안적 이야기 구축
상담내용	• 심리검사 결과 이해 • 다른 독특한 결과의 영향력 탐색하기 • 스캐폴딩을 통해 평소 나의 가치와 긍정적 정체성 찾기 • 과제: 외부 지지자원 탐색해 오기
장소/시간	구미정신건강복지센터 상담실/50분

다른 독특한 결과들과 영향력 탐색하기

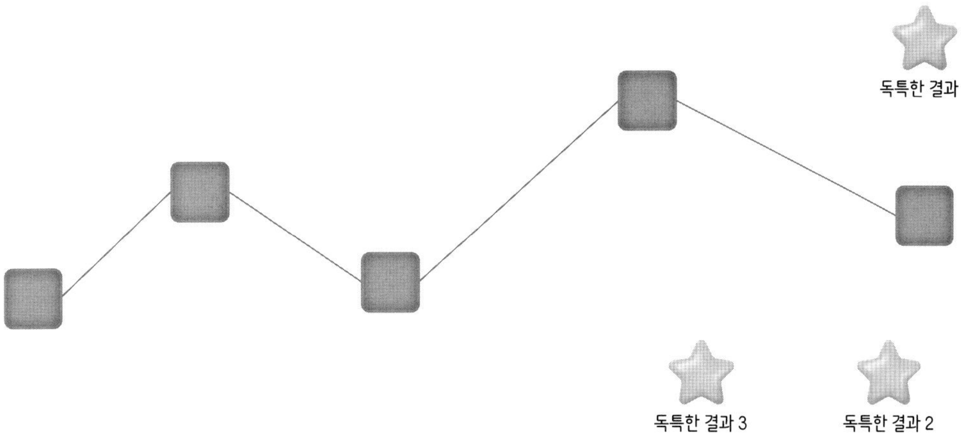

번호	정신전문간호사	대상자	정신전문간호사의 치료적 의사소통기법
1	어서 오세요! 기다리고 있었어요.	(자리에 앉으며) 네.	존중
2	오늘은 뭐부터 할까요?	(검사지를 내밀며 작은 목소리로) 저… 이건 오기 전에 체크해 왔는데… 지난 번에 선생님께서 더 생각해 보라고 하신 반짝이는 사건은 찾아 오지 못했어요.	개방적 질문

3	(검사지를 받고 안심시키며) 사실 오신 것만 해도 대단하신 겁니다.	(표정이 밝아지며) 사실 시간이 없어 오는 것도 망설이긴 했어요.	칭찬
4	(검사 도구 점수를 계산한 뒤) 사건충격검사 결과는 현재 22점, 우울 점수 15점, 자살 생각정도는 10점으로 모두 심하지는 않지만 그래도 점수가 있어 문제가 되니 앞으로 상담을 더 해 보고 비교해 보기로 하겠습니다. 지난주는 어떻게 지내셨나요?	(상담자를 안심시키려는 듯) 그래도 지난주 잠은 좀 잘 잤고… 일을 빠뜨리는 횟수도 줄어든 거 같아요.	개방적 질문/ 정보 제공
5	와, 다행입니다. 그런데 혹시 그 이유가 무엇일까요?	(작은 목소리로) 지난 번에 우리 지니에 대해 이야기했는데요, 직장에서 돌아오면 지니하고 시간을 많이 보냈던 거 같아요. 그동안 '소용돌이'에 빠져서 평소 하던 산책도 안 하고 누워만 있었는데 늘 저 옆에서 나를 지켰더군요. 그래서 지니를 데리고 공원에 산책도 가고, 애견까페에도 가서 사람들도 만났어요	개방적 질문
6	와! '소용돌이'라는 놈이 붙지 않도록 하셨군요!	우리 지니가 영리하고 하는 짓이 예뻐서 보는 사람들마다 칭찬해요. 개 주인이 잘 길러서 그렇다고 해요. (웃으며) 결혼해서 아이도 잘 기르겠다고 하는 사람도 있더군요.	이야기치료 독특한 결과 질문4
7	저도 애완견을 키우는 데 개와 관계가 좋은 사람은 다른 사람들과의 관계도 좋다는 걸 경험하고 있습니다.	사실 저는 자라면서 아버지는 묵묵히 아무 말도 잘 안 하셨지만 언니나 엄마가 저를 일방적으로 괴롭혀도 대든 적이 없어요. 그러다 보니 성질 급한 언니와 엄마가 서로 원수처럼 싸우더라구요. 그래서 언니는 공부 안 하고 집을 가출하기도 했거든요. 그럴수록 엄마는 그게 아버지 때문이라며 아버지를 공격하는 모습을 많이 봤어요. 가만히 순종하는 저는 자기를 닮아 착하다고 하면서…	자기노출을 통한 공감

8	(환한 표정으로) 그게 다 이야기치료에서 말하는 독특한 결과들, 즉 반짝이는 사건들이라고 하는 겁니다. 이미 찾아오셨어요.	(목소리가 커지며) 아! 그런가요?	이야기치료 정보 제공
9	혹시 현주씨를 최근 누군가가 괴롭히는데, 그래도 참았던 일 한 가지를 구체적으로 이야기해 주실 수 있을까요?	(잠시 생각하며)···	이야기치료 독특한 결과 질문5
10	(기다린다)······	(눈물을 글썽이며) 사실 2주 전에 수간호사 선생님이 제가 인수인계에서 빠뜨린 일로 노발대발하셨어요. 사실 그 빠뜨린 일은 큰 일은 아니었는데 저를 가리키며 그 사건은 벌써 한 달이 다 되어 가는데, 아직도 정신을 못 차리면 어떡하냐고 하면서 같이 일하기 어렵다고 막말했어요.	침묵
11	(같이 당황하는 표정으로) 얼마나 속상하셨을지 이해가 됩니다.	그때 내 머릿속이 하얘지면서 잠시 멘붕이 왔지만 잘못했다고 사과하고 묵묵히 제 일을 했거든요. 그런데 성에 안 차셨는지 자살한 환자 장례식장에 제가 조문을 같이 가지 않은 이야기를 꺼내는 거예요.	공감
12	장례식장 조문 이야기를요?	입원 중인 환자가 사망했을 때 보통 간호했던 간호사나 수간호사가 병원 장례식장에 조문을 가기도 하는가 봐요. 그런데 입원 중에 자살한 환자이니 더더욱 조문을 가야 했나 봐요. 수간호사 선생님이 저한테 같이 가자는 말씀도 안 하셔서··· 몰랐어요. 사실 그때는 그런 걸 생각할 정도의 정신이 아니기도 했구요.	재진술

13	그래서요?	그때의 조문은 잘못하면 보호자의 원망만 들을 수 있는 상황이어서 수간호사 선생님 입장에서는 자신의 근무 때 벌어진 일도 아니지만 대표로서 조문가야 하는 게 속상하고 힘든 일인데 제가 모른 척했다고 원망한 거 같아요.	경청 추임새
14	그래서 그런 상황에서 어떻게 하셨나요?	사실 그때는 무슨 말을 해야 할지 몰라서 그냥 말없이 그 자리를 나왔었어요. 그래서 고민하다가 지난주 선생님을 만나러 왔었거든요.	개방적 질문
15	아! 지난주가 그런 힘든 상황이었군요!	그런데 이번 주 상담 오기 전에 수간호사 선생님을 만나 장례식 조문은 원래부터 관리자분들만 가는 줄 알았고, 만약 수간호사 선생님께서 같이 가자고 했으면 저도 용기를 내었을 거라고 말씀드렸어요.	명료화
16	와! 어떻게 그렇게 할 수 있었나요?	사실 이 외과병동에 로테이션된 지는 4개월 정도 되었는데 이 병동 오기 전에 있던 내과병동에서 4년 정도 있었는데 사람들이 모두 저를 좋은 간호사라고 했거든요.	개방적 질문
17	그런 엄청난 일에서 이전 병동에서 들은 이야기가 그 상황을 견디는 힘이 되었군요.	원래 저는 말을 먼저 앞세우지 않고 조용히 제 일을 하는 편이라서 처음에는 약간 일처리에 미숙한 사람으로 사람들이 봐도 이에 개의치 않고 바르게 일해 오는 성향이 있거든요.	명료화
18	이런 반짝이는 빛나는 사건이 있을 때 주변에 누가 있었나요? 그 사람은 뭐라고 했나요?	지난주에 수간호사 선생님에게 벌벌 떨면서 이야기할 때 마침 같이 근무했던 후배 간호사가 있었어요. 평소와 달리 그날 무서운 수간호사 선생님에게 용기내어 말을 하는 저를 보고 배운 게 많았다고 했어요.	이야기치료 독특한 결과 질문6
19	그 반짝이는 빛나는 사건은 현주 씨에게 어떤 의미를 주었나요?	'부모에게 물려받고 배운 것도 아닌데… 내가 어릴 때부터 가졌던 신념이 맞구나!'라는 생각을 그때 했었던 기억이 나네요.	이야기치료 독특한 결과 질문7

20	현주씨는 어떤 가치로 반짝이는 빛나는 행동을 했나요?	자신의 입장만 생각하고 남의 입장은 전혀 고려하지 않고 공격하는 사람을 좋아하지는 않지만, 그래도 그런 사람들과도 함께 살아야 한다는 거요.	이야기치료 독특한 결과 질문8

비계 설정(scaffolding) 및 긍정적 정체성 확인

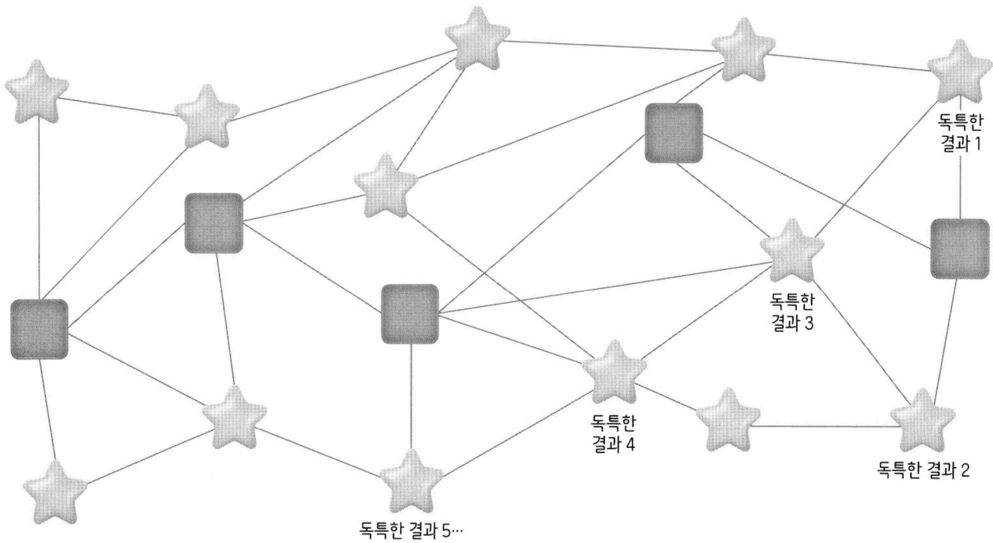

21	우와! 정말 저보다 한수 위인데요. 그럼 반짝이는 빛나는 사건과 같은 일이 언제 또 있었나요?	(잠시 생각하다가 표정이 밝아지며) 사실 제가 앞에서 어머니 이야기를 많이 했잖아요. 어머니가 식당을 운영하시는데 집에만 오면 아버지와 언니의 무능함을 비난하거든요. 그 다음 가만히 공부하고 있는 저에게도 공부를 더 잘하지 못한다고 꼬투리를 잡고 자신의 생각이 관철되지 않으면 자신의 가슴을 치며 통곡했었어요.	이야기치료 비계 설정 질문1
22	그래서요?	언니는 그런 엄마가 싫다며 고등학교 3학년 때 가출했는데… 저도 조용한 집안을 늘 시끄럽게 만드는 엄마가 너무 싫었지만 그래도 집을 떠나서는 안 된다고 생각했었어요.	경청 추임새

23	늘 집을 소용돌이로 만드는 어머니를 좋아하지 않았지만 현주씨마저 언니처럼 행동하면 안 된다는 걸 생각하셨군요.	(단호한 목소리로) 네.	명료화
24	고등학생인데 그런 생각의 기준은 어디서 가져왔나요?	(환한 표정으로) 제가 조용해서 친구들을 만나 돌아다니는 일보다 집에서 방문 닫고 지내는 시간이 많잖아요. 그때마다 책을 많이 읽었어요. 그래서 다른 과목보다 언어 성적이 좋아 언어교과 선생님들과 친해 선생님들이 자기계발서와 같은 좋은 책에 대한 정보도 잘 주셨어요.	이야기치료 비계 설정 질문2
25	아! 자기계발서가 많은 도움이 되었군요.	(갑자기 기억이 난다는 듯한 표정으로) 아! 맞아요. 자기계발서를 읽다가 위클래스 상담선생님에게 궁금한 걸 점심시간을 활용하여 물어보러 갔는데, 선생님이 제가 마음에 드셨는지 저에게 MBTI성격유형검사를 해 주겠다고 하셨어요.	반영
26	(호기심 어린 표정으로) 와! 현주씨는 집에서보다 주위에 자원이 많네요. 그래서요?	당연히 하겠다고 했고… 그때 저의 성격유형은 성인군자유형이라고 했어요.	강점 칭찬/ 경청 추임새
27	성인군자형이면 타고날 때부터 MBTI성격유형 16가지 중 가장 따뜻하고 남을 배려하는 유형인데… 어때요?	(잠시 생각에 잠기다가) 맞아요. 그랬어요.	MBTI 정보 제공/ 개방적 질문
28	(감탄하는 표정으로) 제가 상담해 보면 어린 나이에 이런 검사를 하고 설명을 들으면 대부분 다 잊어버리는데… 어떻게 그렇게 잘 기억하나요?	그때 선생님이 제가 열심히 책을 본다고 MBTI사례집과 설명하는 책을 빌려주셨어요.	이야기치료 비계 설정 질문3
29	상담선생님이 빌려주신 그 책을 잘 읽으셨군요.	그 책을 읽으면서 아버지, 어머니, 언니 성격유형도 찾아봤었어요.	반영

30	정말 대단한 고등학생인데요?	자꾸 읽으면서 생각해 봤더니 아버지와 제가 성격유형이 비슷하고, 엄마는 사업가 유형인데 언니가 약간 비슷한 거 같았어요.	이야기치료 비계 설정 질문4
31	어머니가 사업가유형이시라면 생활력도 강하시고 생산성을 강조하며 자신의 주장이 옳다고 밀어붙이고 모든 성과 있는 일에 도전적으로 실행하실 가능성이 높은데… 어떤가요?	그래서 남자지만 조용하고 말이 없어 자기주장을 하지 않는 우리 아버지를 여자지만 대장부같은 우리 어머니가 늘 우유부단해 가장으로서 역할을 못하는 남자로 폄하하여 생각했던 거죠.	MBTI 정보 제공/ 개방적 질문
32	와! 정신간호사보다 더 잘 이해하고 계시군요.	그런 점을 알았기 때문에 말없이 엄마를 견디면서 제 할 일을 할 수 있었던 거 같아요.	칭찬
33	자! 지금까지 상담해 본 결과 현주씨의 인생은 어떤 가치로 일관되게 살아 온 거 같습니까?	부모님을 보면서 배울 점이 없어도 좋은 책을 읽으면서 중심을 잃지 않고 살면 된다는 것이었어요.	이야기치료 긍정적 정체성 질문1
34	다시 한번 더 물을게요. 현주씨의 신념은 무엇이었나요?	음~ 부모가 아니라도 책이든 사람이든 애완견이든 주위에 좋은 자원을 찾아 활용하면 된다는 거예요.	이야기치료 긍정적 정체성 질문2
35	그럼 진정한 현주씨의 희망, 꿈은 무엇일까요?	어릴 때 서로 싸우느라 저에 대해 관심 없어 보이는 부모를 보면서 원망하다가 부모를 잘못 만나도, 돈이 없어도 위대한 사람이 된 사람들도 있다는 걸 책을 통해 알게 되었고, 항상 인내심을 가지고 성실하게 살면 결국은 주위가 편안해질 거라는 희망을 가지고 있었던 거 같아요.	이야기치료 긍정적 정체성 질문3
36	그 어린 나이에 많은 걸 알고 계셨군요.	(약간 자랑스러운 듯) 주위 상황이 지지적이지 않으니 일찍 철든 거죠, 뭐…	강점 칭찬

37	그래도 아무나 빨리 철들지는 않은 거 같은데요? (생태도 용지를 보여 주며) 저… 지금 이 용지를 드릴테니 현주씨의 이런 진가를 알아준 사람이나 사물이 있는지 한 번 찾아봐요. 이야기치료에서는 이 과정을 통해 나의 진짜 모습을 알고 지지해 준 사람이나 사물을 찾아 그것만 내 마음 속에 담는데요. 이를 나만의 클럽이라고 한답니다. 이 클럽 회원들은 내가 살아가는 데 힘을 주거든요.	(용지를 받아 들며) 네~	이야기치료 정보 제공

나의 진가를 알아준 사람이나 사물 찾아 마음에 담기(생태도를 통한 나의 클럽회원 재구성)[5~10분 소요]

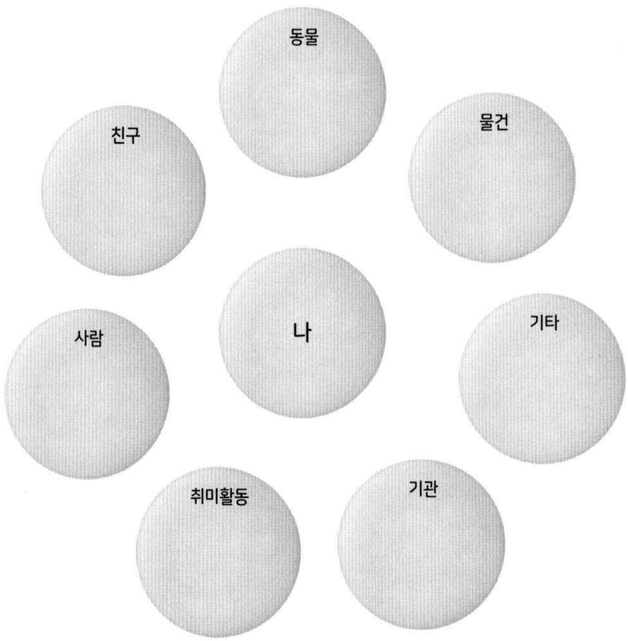

38	(쓰고 있는 내용을 바라보며) 현주씨! 예상은 했지만 언어선생님, 위클래스 상담선생님, 지니, 책, 간호사 직업 등 자원이 정말 많군요.	(환해지며) 그러게요. 오늘은 뒤죽박죽된 제 기억을 좋게 잘 정리하여 살려 주셨어요.	명료화

39	정말 이야기치료에서 상담받으러 오신 분이 왜 자신의 인생의 전문가라고 하는지 알게 되었고 제가 감동받는 시간이었습니다.	좀 더 제 뿌리에 대해 차근하게 생각해 봐야겠어요.	자기노출
40	(시계를 보며) 벌써 시간이 50분이 다 되었네요. 현주씨! 오늘은 여기까지만 하겠습니다.	(펜을 놓으며) 네!	정보 제공
41	이렇게 이야기치료 질문에 맞게 신중하게 생각해서 답해 주셔서 정말 감사드립니다. 지금 하신 용지는 가지고 가셨다가 더 기록하셔도 되고 그대로 가져 오셔도 됩니다. 다음 주 3회기 때, 이 용지를 중심으로 상담을 시작하겠습니다.	(용지를 가방에 넣고 일어서며) 그럼 다음 주에 뵐게요.	정보 제공

3) 3회기

회기 및 주제	3회기: 회원 재구성과 새로운 이야기 쓰기
상담내용	• 생태도를 통한 나의 지지대상 탐색 및 나의 기여도 탐색 • 나의 미래 방향 다짐하기
장소/시간	구미정신건강복지센터 상담실/50분

번호	정신전문간호사	대상자	정신전문간호사의 치료적 의사소통기법
1	(환한 표정으로) 어서 오세요! 지난주에는 어떻게 지내셨는지요?	지난주는 근무 마치고 집에 가면 먼저 저를 제일 반기는 지니와 산책을 했고 식사를 하고 제 옆에서 조용히 저를 지키는 지니를 보면서 우울해서 자살을 생각하는 사람들에 대한 상담사례집을 읽었어요.	존중/ 개방적 질문
2	일 마치고 피곤했을 텐데도 불구하고 지니와 산책하고 공부를 하였다구요?	(접은 용지를 상담 책상 위에 올려 놓으며) 이 용지가 도움이 되었어요.	재진술
3	(용지를 받아 펼치며) 아하! 나의 진가를 알아주고 인정해 준 사물에 지니와 심리상담 책과 같은 자기계발서를 더 구체적으로 넣으셨군요!	(표정이 환해지며) 생각할수록 저를 의연하게 견디게 하는 건 사람도 있긴 하지만 애완견과 책 중에서 상담 관련 책이었던 거 같아요.	이야기치료 나의 클럽회원 재구성 질문1
4	만약 자기계발서를 쓴 상담가가 현주씨가 찾아낸 긍정적 정체성에 대한 이야기를 하면 뭐라고 하실까요?	(잠시 생각하다가) 심리상담 책과 같은 자기계발서를 저에게 빌려주신 상담선생님도 고등학교 때 그렇게 이야기하셨지만 지난주 읽은 책의 상담가도 "현주씨는 정말 대단한 사람이네요. 보통 그 나이에 이런 책을 잘 깊이 읽지도 않는데… 더군다나 읽고 자신의 삶에 적용하기도 하는 대단한 젊은이예요."라고 할 거 같아요.	이야기치료 나의 클럽회원 재구성 질문2

5	그분은 무엇 때문에 현주씨가 그런 사람이라고 생각하게 되었을까요?	어려운 상황에서 자신의 일방향적인 감정에만 따라 울고 좌절하는 것이 아니라 잠시 흔들리지만 조용히 주위에 도움이 되는 것을 찾아 이를 실천하는 것을 보고요.	이야기치료 나의 클럽회원 재구성 질문3
6	현주씨의 그런 사고와 행동이 자기계발서를 쓴 상담가에게 어떤 의미를 줄까요?	이런 책을 통해 의미를 발견하는 사람이 있으므로 많이 팔리지 않아도 내가 이런 책을 쓰는 것은 정말 가치로운 일이라고 생각하게 할 거 같아요.	이야기치료 나의 클럽회원 재구성 질문4
7	그 책을 읽는 시간 동안 현주씨는 어떤 의미를 발견했나요?	사실 그 사건 이후 잠도 못자고 쭈욱 우울해 지각도 하고 업무 중 실수도 했었어요. 그런데 지난주부터 지니와 산책 이후 몸도 환기되어 쳐지지 않았고, 우울해서 자살을 생각하는 사람들에 대한 상담 사례집을 읽으면서 물론 간호사로서 자살을 미리 예방해야 하지만 다 막을 수는 없고, 그건 제 책임이 아니라는 생각을 하게 되어 정말 기분이 많이 나아졌어요. 본의 아니게 그 사건으로 경찰조사도 받았고, 수간호사 선생님의 지지도 받지 못했지만 그래도 그 이후 보호자들도 미안해한 것과 그날 신졸간호사를 데리고 나름 최선을 다했다라는 생각도 받아들이게 되었어요.	이야기치료 나의 클럽회원 재구성 질문5
8	(용지를 내밀며) 자! 그럼 한번 정리해 볼게요. 이 용지에 쓰여진 문장은 현주씨의 이미 가지고 있었지만 조명되지 않았던, 아니 까먹고 있었던 긍정적 정체성을 담은 대안적 이야기를 명료화시키기 위한 작업입니다. 괄호 안에 이미 현주씨가 이야기 내용을 중심으로 채워 넣어 보며 어떨까요?	(용지를 받아 가만히 들여다보며) 어려운데요?	이야기치료 정보 제공/ 개방적 질문

대안적 이야기 구축(15분 소요)			
나 (　　　　)는 (그놈 = 　　　　)에 대항하는 (　　　　　　)라는 강인한 힘을 이미 가지고 있었습니다.			
9	(용지를 함께 들여다보며) 혹시 어떤 부분이 어려우신지요?	(내용을 가르키며) 이 두 번째 괄호 안에는 뭘 넣으면 되는지요?	개방적 질문
10	아! 네. 첫 번째 상담 시간에 현주씨가 말씀하셨던 문제의 이름을 넣으시면 됩니다.	(기억해내며) 아! 그 '소용돌이'라는 놈이군요. 그럼 세 번째 괄호 안에는요?	이야기치료 정보 제공
11	이건 두 번째 상담 시간에 찾아냈던 현주씨의 긍정적 정체성이 해당되는데…	저는 잘못된 부모를 보고 배우는 것이 아니라 선생님, 책과 같은 외부 긍정적인 자원을 통해 배우는 아이였던 거 같네요.	이야기치료 정보 제공
12	(감탄하며) 네! 그런 거 같아요. 앞에서도 말했지만 저는 상담의 전문가일 뿐입니다. 여기까지 도달한 건 현주씨가 자신의 인생의 전문가로서 이미 가지고 계셨던 걸 차근히 알아내시도록 도운 것밖에 없어요.	(잠시 생각하다가) 어릴 때 가족이 도와주지도 않았음에도 불구하고 저 스스로 외부자원을 잘 탐색하고 이에 집중하여 제가 삐뚤게 가지 않았던 거군요.	강점 칭찬
13	네! 맞아요. 그래서 현주씨는 정말 훌륭한 아이입니다.	(용지의 괄호 안을 채우며) 이렇게 써 보니 더 저를 정확히 알게 되는 것 같아요.	강점 칭찬
나 (차현주)는 (그놈 = 소용돌이)에 대항하는 (선생님, 책과 같은 외부 긍정적인 자원을 통해 배우는 능력을 가진 훌륭한 아이)라는 강인한 힘을 이미 가지고 있었습니다.			
14	맞아요. 저도 이 내용에 동의합니다.	(뭔가 생각난다는 듯한 표정으로) 지난주부터 조금씩 그 사건을 조사하면서 저를 죄인 다루듯 질문하는 경찰과 그저 불똥이 튈까봐 전전긍긍하며 자신들의 탓이 아니라고 발뺌하는 의사들과 수간호사 선생님에 대한 섭섭함도 조금씩 사라지는 것 같아요.	공감

15	(환한 표정으로) 아하! 그것에 대해 좀 더 구체적으로 이야기해 주시겠어요?	그날 신졸과 둘이 이브닝을 했는데 평소보다 입원하는 환자가 많아 할 일이 정말 많았어요. 그런데 그 환자는 수술을 해야 하는 데도 불구하고 자신은 그냥 죽겠다고 수술하지 않겠다고 주장하여 그날 외래에서 주치의가 설득하여 보호자가 상주하는 조건으로 입원시켰는데… 보호자가 잠시 없는 동안 그런 일이 있을 거라고는 의사도 보호자도 몰랐던 거죠. 저는 입원 후 당연히 해야 할 일상적인 체크와 설명은 했지만 신졸간호사와 근무하면서 당연히 보호자가 있어 다른 입원환자에 몰두했구요. 사실 우리의 잘못은 아니었는데 의사들도 발뺌하고, 환자 보호자도 아무 말 하지 않고, 심지어는 수간호사 선생님조차도 저희의 근무 태만을 의심하는 투여서 처음에는 너무 화가 났는데… 점점 시간이 지나면서 그 환자 보호자에게 만약 잠시라도 병실을 비우게 되면 간호사실에 연락해서 환자를 혼자 두지 않아야 한다는 원리를 설명하지 못한 것이 잘못이라는 생각을 내내 떨칠 수가 없었어요. 그리고 윗연차인 제가 근무 동안 최선을 다하지 못해 환자의 자살을 막지 못한 게 잘못이라 생각되어 그 죄책감으로 잠도 못 자고 정말 죽고 싶은 생각도 들었어요.	구체화
16	아! 그런 엄청난 힘든 과정이 그동안 있었군요.	(목소리 톤이 낮아지며) 하지만 이제 생각이 조금 바뀌는 것 같아요.	명료화
17	(존경 어린 표정으로) 생각이 어떻게 바뀌었나요?	내가 열심히 최선을 다하면 모든 사람들은 다 알아야 한다고 생각할 때는 너무 억울하고 분해서 잠도 안오고 죽고 싶었는데… 지금은 '힘들 때 모든 사람들은 자기 중심적이 되므로 내가 한 일이 최선이었다면 모든 사람들의 인정만을 바랄 것이 아니라 나를 믿어 주는 일부 사람들과 나 스스로를 믿고 견디는 것이 중요하다.'라는 생각을 하게 되었어요.	개방적 질문

18	와! 대단하신데요.	선생님! 그리고 우리 어머니와 아버지에 대한 생각도 조금 바뀐 거 같아요.	강점 칭찬
19	어떻게요?	내가 그동안 우리 어머니와 같이 자기주장만 하고 권위적인 여성들을 좋아하지 않았다는 것을 알게 되었어요. 우리집이 불행한 건 무능한 아버지도 문제지만 여자인 엄마가 너무 악악대는 것이 이유라고 생각했는데, 지금은 우리 어머니 성격이 여장부 성격이고 똑똑함에도 불구하고 여자라는 이유로 대학도 못 간 것이 어머니의 성격 이면에 부정적인 배경으로 깔려 있었다는 생각도 하게 되었어요. 그래서 어머니를 칭찬해 드리려구요.	개방적 질문
20	그런데 그런 훌륭한 탄력성 있는 관점 변화는 어떻게 일어나게 되었는지요?	사실 첫 상담 때 주신 이야기치료 책을 던져 두었다가 지난주부터 간간히 읽었거든요. 근무 후 누굴 원망하는 시간을 줄이니 이 책을 볼 시간도 생기더군요.	개방적 질문
21	그럼 처음에 대여해 드렸던 이야기치료 책이 관점 변화에 도움이 되었다는 말씀이군요.	다 읽은 것은 아니지만 저의 관점 변화에 도움이 된 거 같아요. 그 책에서 병원에 입원했었던 우울증 환자가 이야기치료 후 좋아진 사례도 있어 도움이 되었어요.	반영
22	저와 상담하는 시간은 아주 일부분이므로 다양한 자기계발서나 상담사례 책을 통해 자신에 대한 통찰력과 대처 방법을 배우는 건 정말 제가 강조하고 싶은 대단한 일입니다.	그래도 짧지만 처음부터 그 방향으로 저를 이끌어 주신 선생님이 계셔서 가능했던 것 같아서 감사드립니다.	정보 제공/ 강점 칭찬
23	네, 저도 정말 감사드려요. 그런데 이야기치료에서는 마지막으로 앞으로 어떻게 사실지 말해 보는 단계인 새로운 이야기 쓰기 단계가 있습니다. 여기까지 해 보면 어떨까요?	(호응하며) 네, 한번 해 보죠.	이야기치료 새로운 이야기 쓰기 질문1

24	원래 이 단계는 현주씨의 대안적 이야기를 진정으로 인정해 주시는 분을 초대하여 그분이 계신 자리에서 새로운 이야기를 써 보고 공표하는 것인데요, 현주씨는 워낙 잘 이해하고 계시니 저와 함께 둘이서만 해 보시면 어떤지요?	안 그래도 이야기치료 책을 읽어 보니 그런 이야기가 있었어요. 그래서 읽으면서 저도 잠시 생각해 보긴 했어요.	이야기치료 새로운 이야기 쓰기 질문2
25	또 제가 감탄하게 되네요. 어떤 생각을 해 보셨는지요?	우리 어머니 대학 보내면 어떨까라는 생각이 떠올랐어요. 80대 할머니도 대학 가서 열심히 공부하며 좋아하는 모습을 방송에서 본 적이 있어요. 우리 어머니가 한 말 중에 내가 무식하다고 아버지와 너희들이 무시한다고 많이 말했거든요. 식당하면서 아무리 어려운 계산도 암산으로 척척 해내시는 걸 보면 머리가 좋으신 분이거든요. 아직은 말씀드리지는 않았지만 집에 돌아가면 이야기해 볼 계획입니다.	강점 칭찬/ 이야기치료 새로운 이야기 쓰기 질문3
26	그리고 그 다음 계획은 무엇인가요?	저도 상담 공부를 한번 해 보려구요. 암과 같이 치명적인 신체 질환을 가진 환자들이 치료를 거부할 때 나는 상담사가 아니니까 그런 건 내 할 일이 아니라고 생각하기보다 신체 간호를 하면서 이들의 거부적인 태도를 어떻게 이해하고 이들에게 도움이 되는 말을 할 수 있을지 그 방법을 배워 보려구요. 그 사건을 통해 제가 더 성장하여 그런 환자분들을 다시는 놓치지 않아야겠다는 생각이 들어서요.	이야기치료 새로운 이야기 쓰기 질문4
27	새로운 이야기가 정말 희망차게 느껴져 제가 행복해지고 있습니다.	(목소리가 낮아지며) 그렇지만 아직은 아니에요. 그동안 늘 근무 끝나면 문 닫고 제 방으로 들어만 가던 제 행동 패턴도 좀 고쳐 방문도 좀 열어 놓고, 곧 어머니 생일이 다가오는데, 그날 식당을 쉬게 하고 근사한 식당에 가서 식사대접하면서 어머니 대학 가는 거 깜짝 선물로 말해 보려고 합니다.	자기노출 통한 공감

28	정말 대단하세요.	선생님! 짧지만 3회기 상담을 통해 원래 제가 어떤 사람인지 알게 되었고, 지금부터는 수간호사선생님에 대한 저의 왜곡된 태도도 좀 변화시켜 보려고 해요.	강점 칭찬
29	(환한 표정으로 내담자 얼굴을 가까이 하여 마주보며) 와! 새로운 이야기를 통해 앞으로의 삶의 방향이 정해지셨네요.	(웃으며) 국가가 지원하는 이런 곳이 있다는 것을 알게 되고 실제로 도움도 받게 되어 정말 감사드립니다.	명료화
30	언제든 또 다시 힘든 상황이 오면 연락주시면 됩니다. 저희는 언제나 이 자리에 있을 것입니다. 저희 구미정신건강복지센터에서 내세우는 슬로건이 '1577-0199 여기에 당신 편이 있습니다.'입니다. 그래서 우리는 현주씨 편이거든요.	그렇군요! 이제 구미정신신건강복지센터 1577-0199에 제 편이 있음을 항상 기억하겠습니다.	정보 제공